ARQUIVOLOGIA

Temas centrais em uma abordagem introdutória

Anna Carla Almeida Mariz
Thayron Rodrigues Rangel
ORGANIZADORES

ARQUIVOLOGIA

Temas centrais em uma abordagem introdutória

FGV EDITORA

Direitos desta edição reservados à
FGV EDITORA
Rua Jornalista Orlando Dantas, 37
22231-010 | Rio de Janeiro, RJ | Brasil
Tels.: 0800-021-7777 | 21-3799-4427
Fax: 21-3799-4430
editora@fgv.br | pedidoseditora@fgv.br
www.fgv.br/editora

Impresso no Brasil | *Printed in Brazil*

1ª edição: 2020

Preparação de originais: Sandra Frank
Editoração eletrônica: Abreu's System
Revisão: Aline Duque Erthal | Fatima Caroni
Capa: Estúdio 513 | Diogo Baptista Pereira

Dados internacionais de Catalogação na Publicação (CIP)
Ficha catalográfica elaborada pelo Sistema de Bibliotecas/FGV

Arquivologia: temas centrais em uma abordagem introdutória / Anna Carla Almeida Mariz, Thayron Rodrigues Rangel (Organizadores). – Rio de Janeiro: FGV Editora, 2020.
228 p.

Inclui bibliografia.
ISBN: 978-85-225-2199-9.

1. Arquivologia. 2. Arquivos – Administração. 3. Documentos arquivísticos. 4. Preservação pela digitalização. I. Mariz, Anna Carla Almeida. II. Rangel, Thayron Rodrigues. III. Fundação Getulio Vargas.

CDD – 025

Elaborada por Amanda Maria Medeiros López Ares – CRB-7/1652

Sumário

Apresentação

Como um campo científico em desenvolvimento no Brasil, a arquivologia, assim como demais áreas científicas, busca pela delimitação do seu *status* e reconhecimento social. A arquivologia brasileira surge com as primeiras ações estatais, ainda quando o país era uma colônia. Com o processo de democratização, vemos a institucionalização da área por meio dos inúmeros dispositivos legais que direcionam o fazer profissional. Entretanto, mesmo com os diversos estudos técnicos e científicos sobre a arquivologia, é notória a ausência de um trabalho que reúna, com abordagem introdutória, algumas das mais importantes temáticas que compõem as discussões no campo arquivístico.

Com interesse em difundir a área, este livro expõe os temas centrais da arquivologia em uma linguagem acessível, visando a um público de iniciantes e também de curiosos que queiram se informar sobre o assunto. Trata-se de um contato inicial, que pode ser usado em salas de aula para apresentar temas importantes aos ingressantes dos cursos de graduação, ou ainda a leigos que almejam conhecer o campo arquivístico ou nele tenham interesses ou afinidades.

Todos os autores são professores e/ou profissionais especialistas que desenvolvem pesquisas sobre os temas elencados e se propuseram a apresentar suas perspectivas e olhares sobre os respectivos objetos, sempre atendendo a esta característica: uma abordagem para leigos.

Esperamos que a obra desperte o interesse sobre a arquivologia e algumas de suas relevantes temáticas.

1

Classificações dos arquivos e dos documentos de arquivo

Anna Carla Almeida Mariz
Thiago de Oliveira Vieira

Os arquivos e os documentos de arquivos podem ser considerados segundo vários aspectos e categorias. Apresentamos a seguir algumas dessas noções com as quais os autores da área trabalham na construção teórica e prática do campo de conhecimento arquivístico, partindo de uma caracterização e definição dos conceitos de arquivo e documento arquivístico.

Considerado o primeiro manual e o marco do surgimento da arquivologia (Fonseca, 2005), publicado originalmente pela Associação dos Arquivistas Holandeses, em 1898, o *Manual de arranjo e descrição de arquivos* define arquivo como:

> O conjunto de documentos escritos, desenhos e material impresso recebidos ou produzidos oficialmente por determinado órgão administrativo ou por um de seus funcionários, na medida em que tais documentos se destinavam a permanecer na custódia desse órgão ou funcionário [Associação dos Arquivistas Holandeses, 1973:13].

A base dessa definição é utilizada até hoje, mas ela vem se aperfeiçoando e foram necessários acréscimos com o passar do tempo e o desenvolvimento da área, pois não eram considerados os arquivos pessoais e familiares nem os documentos em outras linguagens e suportes.

A definição apresentada por Theodore Roosevelt Schellenberg, em 1956 (em *Arquivos modernos: princípios e técnicas*, lançado nos Estados

Unidos da América e publicado no Brasil em 1974), amplia os documentos que podem ser considerados arquivos: os "livros, papéis, mapas, fotografias ou outras espécies documentárias, independentemente de sua apresentação física ou características" (Schellenberg, 1974:18).

Portanto, o que determina se um documento é ou não um documento de arquivo não é sua linguagem, o suporte, o conteúdo, a espécie ou a data da sua produção, mas a forma como foi criado e o objetivo, de forma que os documentos reflitam o exercício do encargo legal e o cumprimento das funções e atividades do produtor.

Na mesma definição, Schellenberg (1974:18) menciona os documentos expedidos ou recebidos "por qualquer entidade pública ou privada", e a autora Antônia Heredia Herrera (1993:89) já menciona "pessoa ou instituição pública ou privada". Jenkinson (apud Herrera, 1993:91) também fala em "qualquer instituição ou pessoa". Nesse sentido, o arquivo é um conjunto de documentos produzido e acumulado durante e em decorrência de uma atividade.

A relação orgânica dos documentos determina a importância do documento inserido no conjunto do qual faz parte, no seu contexto de origem, e a importância do conjunto em relação a ele. A organicidade, ou inter-relacionamento, é uma característica singular que difere os documentos de arquivo dos outros conceitos de documento presentes em outras áreas do conhecimento. A ideia de organicidade já é observada, segundo Silva et al. (2009:49-52), desde o século XXIV a.C., em Ebla:

> Do ponto de vista organizativo, a descoberta mais notável deu-se há cerca de vinte anos, em Ebla, onde foram encontradas várias secções de uma rede de arquivos do palácio real. Trata-se de um dos maiores achados de tabuinhas em escrita cuneiforme e, sem dúvida, aquele que melhor evidenciou a existência de uma estrutura orgânica da documentação. [Silva et al., 2009:49].

Heloísa Bellotto (2004:253) chama a atenção para o ponto essencial da especificidade dos documentos de arquivo: a organicidade, ou seja, a relação entre o documento e o conjunto ao qual ele pertence, documentos produzidos no decurso de atividades que justificam sua razão de existir. A relação entre os documentos permite que se veja o funcionamento da entidade ou atuação profissional de um indivíduo.

Nem todo documento é documento de arquivo; é necessário que atenda a alguns critérios. Um mesmo documento pode ser documento de arquivo em determinado conjunto documental e deixar de ser caso seja retirado desse conjunto. Pode-se ter como exemplo: a carteira de habilitação de determinada pessoa é documento do seu arquivo, tem valor de prova de que a pessoa tem autorização para dirigir um automóvel. Esse mesmo documento, se está em poder de outra pessoa, não vai ser documento de arquivo para ela (se o dono do documento o perde e ele é achado por um desconhecido, suponhamos).

Portanto, o documento arquivístico caracteriza-se como:

1) produzido e/ou recebido por uma instituição ou pessoa;
2) produzido em razão das funções e atividades de uma instituição ou pessoa;
3) dotado de organicidade; independentemente:
   - da linguagem (textual, audiovisual, sonora, iconográfica etc.);
   - do suporte (papel, filme, disco etc.);
   - do formato (A4, 35 mm, 12 polegadas etc.);
   - da constituição do material (celulose, acetato, vinil etc.);
   - das formas de registro e leitura (magnética, ótica etc.);
   - da codificação (de forma analógica ou em dígitos binários – digital).

Cabe ressaltar que se configuram como elementos característicos dos documentos de arquivo: a linguagem, o suporte, o formato, a constituição do material, a forma de registro, a codificação, o gênero, a espécie e o tipo (sendo estes três últimos detalhados no decorrer deste capítulo).

Classificação dos arquivos

Quanto à entidade produtora

Os arquivos e os documentos podem ser classificados segundo vários aspectos. A primeira classificação, e a mais utilizada, é segundo a natureza da entidade produtora, de acordo com a qual os arquivos podem ser públicos ou privados.

Os arquivos públicos são assim definidos na Lei nº 8.159, de 8 de janeiro de 1991, em seu art. 7º: "os conjuntos de documentos produzidos e recebidos, no exercício de suas atividades, por órgãos públicos de âmbito federal, estadual, do Distrito Federal e municipal em decorrência de suas funções administrativas, legislativas e judiciárias".

O § 1º desse mesmo artigo inclui como "também públicos os conjuntos de documentos produzidos e recebidos por instituições de caráter público, por entidades privadas encarregadas da gestão de serviços públicos no exercício de suas atividades".

Os documentos públicos são fundamentais para o funcionamento de um governo, inicialmente nos órgãos de origem e posteriormente nas instituições arquivísticas da esfera de atuação correspondente, que podem ser municipais, estaduais ou federais. O poder público é responsável pela gestão dos documentos arquivísticos públicos, segundo determina a legislação brasileira.

Os arquivos privados são formados por documentos produtos das atividades pessoais ou institucionais no âmbito privado. A Lei nº 8.159/1991 define, em seu art. 11: "Consideram-se arquivos privados os conjuntos de documentos produzidos ou recebidos por pessoas físicas ou jurídicas, em decorrência de suas atividades".

Bellotto (2004:254-256) afirma que, no âmbito dos arquivos privados, devem ser considerados também os arquivos gerados por instituições não governamentais e os gerados por famílias ou indivíduos. Sendo assim, ela apresenta as categorias:

- arquivos econômicos – compreendem a documentação gerada por empresas comerciais, industriais, financeiras ou de serviços, de pequeno, médio ou grande porte (bancos, seguradoras, empresas);
- arquivos sociais – abrangem os arquivos religiosos, os notariais (cartórios, registros e tabelionatos), os de entidades e movimentos políticos, instituições educacionais privadas, associações de classe, esportivas, beneficentes e culturais;
- arquivos pessoais – são papéis ligados à vida, à obra e às atividades de uma pessoa, ligados à vida familiar, civil, profissional e à produção política, intelectual, artística, científica de cidadãos; quando são de vários membros de uma mesma família, são os chamados arquivos familiares.

Camargo (2009) esclarece que os "arquivos pessoais são arquivos", e enfatiza a necessidade de submeter tais documentos à abordagem própria dos arquivos. Apesar disso, ela chama a atenção para o fato de que nem sempre os documentos acumulados por indivíduos ao longo de sua existência são tratados de modo coerente com a teoria arquivística depois que ingressam em entidades de custódia.

Alguns autores referem-se a arquivos familiares considerando o conjunto dos documentos "de uma família ou de seus membros, relativo às suas atividades públicas e privadas, inclusive à administração de seus bens" (Arquivo Nacional, 2005:29). Isso se dá por entenderem que as pessoas sempre trazem consigo vínculos familiares; assim, na visão desses autores, dificilmente os arquivos seriam produzidos e acumulados por uma única pessoa (Silva, 2004; Gonçalves, Guimarães e Peixoto, 1996).

Quanto aos estágios de evolução

Com relação aos estágios de sua evolução, os arquivos podem ser correntes, intermediários e permanentes, e esses estágios são definidos pela frequência de uso dos documentos.

Os documentos dos arquivos em idade corrente são os documentos mais recentes, são usados com mais frequência e, por esse motivo, necessitam estar mais próximos dos locais de trabalho, com mais fácil acesso.

Os documentos dos arquivos em idade intermediária estão aguardando prazos para serem eliminados ou recolhidos ao arquivo permanente. Esses prazos, em muitos casos, podem ser longos, e por isso o conjunto documental tem um volume maior, o que também torna mais complexo o controle. Como o uso é menos frequente, o arquivo intermediário pode estar em um local mais afastado, o que barateia a guarda. Os depósitos de arquivos intermediários normalmente centralizam documentos de vários setores/departamentos e na maior parte das vezes são consultados pelos seus produtores.

O arquivo permanente é onde estão documentos que não serão eliminados. É a minoria em relação aos documentos que são produzidos. São mantidos por terem valor informativo e/ou probatório após cumprirem a função para a qual foram criados.

A abordagem dos arquivos em três idades, conhecida na literatura arquivística como teoria das três idades, origina-se em uma questão prática, sobretudo nos Estados Unidos, para resolver o problema de massa documental acumulada no princípio do século XX (Rousseau e Couture, 1998:53). Ainda segundo esses autores canadenses, "há poucos textos sobre a abordagem, mas a sua aplicação generalizou-se rapidamente", ratificando sua essência eminentemente empírica.

A divisão dos arquivos em idades obedece a um fundamento da administração moderna que busca economia, eficiência e eficácia. Isso pode ser observado a partir da lógica de guarda (depósitos) mais próxima ou distante dos grandes centros urbanos, por uma questão econômica, de acordo com a qual a frequência de uso, em conjunto com o valor dos documentos, caracteriza a passagem pelas três idades.

Ressalta-se que um documento pode não perpassar pelas três idades (estágios de evolução), podendo ser eliminado após a fase corrente ou ir diretamente da fase corrente para a fase permanente.

Classificação[1] dos documentos de arquivo

Quanto à natureza do assunto

Os documentos podem ser classificados quanto à natureza do assunto, sendo ostensivos ou sigilosos. Os documentos ostensivos não possuem qualquer restrição de acesso; sua divulgação não prejudica a administração. Os documentos sigilosos possuem restrição de acesso, sendo classificados em graus de sigilo diferenciados conforme a natureza de seu assunto e definidos em legislação própria.

Segundo a Lei nº 12.527, de 18 de novembro de 2011, conhecida como Lei de Acesso à Informação, uma informação sigilosa é "aquela submetida temporariamente à restrição de acesso público em razão de sua imprescindibilidade para a segurança da sociedade e do Estado" (art. 4º, III).

A mesma lei estabelece, no art. 24, § 1º, três graus de sigilo (restrição de acesso à informação): (1) ultrassecreta: 25 anos, (2) secreta: 15 anos e (3) reservada: cinco anos.

A classificação dos documentos com grau de sigilo só pode ser estabelecida por autoridades competentes em seus respectivos níveis de restrição de acesso à informação. A reclassificação é o ato de alterar o grau de sigilo de um documento anteriormente classificado com determinada restrição de acesso à informação. A desclassificação é o ato de tornar um documento sigiloso em documento ostensivo. Assim como a classificação de sigilo, a reclassificação e a desclassificação só podem ser realizadas por autoridade competente, determinada em ato normativo próprio.

---

1 A classificação dos documentos de arquivo a que este texto se refere não trata da função classificação documental, como vemos em Rousseau e Couture (1998:265), que a reconhecem como uma das sete funções arquivísticas: criação, avaliação, aquisição, conservação, classificação, descrição e difusão dos arquivos.

Quanto ao gênero

A caracterização dos documentos quanto ao seu gênero pauta-se no sistema de signos utilizados na comunicação de seu conteúdo. Constituem gêneros documentais os documentos textuais, audiovisuais, iconográficos, sonoros etc.

O gênero textual corresponde aos documentos que utilizam como linguagem de registro e comunicação da informação a escrita textual.

É importante destacar que os documentos digitais ou eletrônicos não constituem gêneros documentais, pois os mesmos podem ser textuais, audiovisuais, iconográficos, sonoros etc.

Da noção de documento especial aos gêneros audiovisuais, iconográficos e sonoros

A linguagem visual é uma das mais antigas formas de registro, em um suporte material, e de comunicação da ação do homem. As pinturas rupestres, de origem pré-histórica, caracterizam-se por imagens (símbolos) gravadas em superfícies rochosas e constituem-se em um evidente exemplo da importância da imagem como uma linguagem de comunicação.

O uso da expressão "linguagem visual" tem como pano de fundo a própria definição de "linguagem" na língua portuguesa: "qualquer meio sistemático de comunicar ideias ou sentimentos através de signos convencionais, sonoros, gráficos, gestuais etc." (Houaiss e Villar, 2009:1183).

Portanto, a linguagem tem papel fundamental na comunicação humana. É a partir da linguagem que uma mensagem, registrada ou não, é comunicada. Entende-se que a imagem e o som são linguagens de comunicação utilizadas pelo homem. Essas linguagens – visual, audiovisual e sonora – passam a constituir registros a partir do momento em que o homem consegue fixá-las em um suporte material (tal como ocorre nas pinturas rupestres pré-históricas).

Embora muito antiga, a linguagem visual, assim como a audiovisual e a sonora, só vai aparecer nos arquivos, enquanto locais de guarda dos documentos, a partir da década de 1950. Conforme já destacado, o *Manual de arranjo e descrição de arquivos* restringe a definição de arquivo ao "conjunto de documentos, desenhos e material impresso" (Associação dos Arquivistas Holandeses, 1973:13). Há que ressaltar que, na edição traduzida e publicada no Brasil pelo Arquivo Nacional, consta uma nota quanto à definição de arquivo publicada na edição original, datada de 1898: "A definição foi redigida há muitos anos, antes de generalizadas as reproduções fotográficas, ou outras. Se escrita hoje, nela seriam, sem dúvida, incluídas" (Associação dos Arquivistas Holandeses, 1973:14).

Dois autores canadenses – Rousseau e Couture (1998:27) – chamam a atenção para o fato de que os arquivos não textuais, tradicionalmente em suporte papel, eram reunidos em coleções ou entregues a profissionais de outras áreas. Este panorama, segundo eles, começa a sofrer alterações entre as décadas de 1960 e 1970, em que os arquivistas passam a se importar com a inclusão desses documentos nos respectivos fundos de arquivo.

No caso brasileiro, alguns indícios da presença de arquivos especiais nas instituições arquivísticas dão pistas do que futuramente desencadearia a institucionalização dos documentos especiais como documentos de arquivo (enquanto local de guarda, preservação e acesso). Cita-se o caso da então Diretoria de Arquivo Geral da Diretoria Geral do Interior e Estatística da Prefeitura do Distrito Federal, em 1894, atual Arquivo Geral da Cidade do Rio de Janeiro, que foi incumbida, na época, de "recolher, guardar e conservar, devidamente classificados, os documentos escritos, impressos, iconográficos e cartográficos, relativos à história e à administração do município do Rio de Janeiro" (Fernandes, 2011:109).

Anos mais tarde, em 1958, marca-se a criação do Serviço de Documentação Cartográfica e Fonofotográfica, no Arquivo Nacional, como um setor específico na estrutura da instituição para processamento técnico dos arquivos especiais. Assim, os documentos em linguagem não textual passam a ser denominados "documentos especiais". O uso desse termo reside nas preocupações com a preservação de tais documentos, geralmente em suportes mais frágeis e que requerem um maior rigor quanto a sua conservação ao longo do tempo. Para Vaganov (1990:88, trad. nossa), "dada a proliferação e a importância crescente dos 'novos documentos', é cada vez mais urgente resolver os problemas de seu armazenamento e da conservação nos arquivos".

Os documentos especiais são

> aqueles que utilizam, para comunicar uma informação, a linguagem audiovisual, iconográfica ou sonora, e que necessitam, por causa de sua linguagem, de processamento técnico específico para análise e representação de sua informação; e por causa de seu suporte, de procedimentos técnicos diferenciados de preservação e acesso. São documentos especiais os documentos audiovisuais, os documentos iconográficos e os documentos sonoros [Vieira e Mariz, 2015:300].

É importante destacar que um documento especial tem em sua essência uma linguagem distinta da linguagem textual e, geralmente, um suporte diferenciado do papel. Assim, um desenho em um papel é considerado um documento especial pela linguagem visual presente na comunicação e registro da informação. As primeiras definições de documento especial centravam-se exclusivamente no suporte diferenciado, fazendo com que, nesse exemplo, não fosse considerada a linguagem visual.

Por se tratar de um termo que inicialmente privilegia uma abordagem eminentemente focada na preservação, a partir da sua separação física dos demais documentos de um mesmo fundo ou coleção, e nas ações quase exclusivamente voltadas para sua conservação, esse termo vai caindo em certo desuso na arquivologia. Corrobora tal fenômeno o fato de cada vez mais serem produzidos, em larga escala, documentos em linguagem visual, audiovisual e sonora, o que torna "natural" seu recebimento nos arquivos e consequente desenvolvimento dos métodos e práticas para sua preservação, processamento técnico arquivístico e acesso.

O desuso do termo e a utilização dos termos audiovisuais, iconográficos e sonoros não invalidam a relação conceitual presente entre eles. Assim, passa-se a contextualizar os documentos audiovisuais, iconográficos e sonoros, pertencentes à categoria conceitual de documentos especiais.

A fotografia é o registro em linguagem visual mais encontrado hoje nos arquivos. Por definição, de maneira simplificada, constitui-se de um processo de captar uma imagem por meio de exposição luminosa, fixando-a em uma superfície sensível.

Os métodos de captação das imagens a partir das tecnologias digitais alteraram profundamente os paradigmas da fotografia, a partir da facilidade de capturar uma imagem. Este é um exemplo do uso intensivo da linguagem visual registrada em algum suporte material, seja ele um cartão de memória, um *pendrive* ou qualquer outro dispositivo de armazenamento. A utilização da linguagem visual é responsável pelos registros visuais em suportes materiais. Derivam-se desses registros aqueles produzidos em razão de uma função/atividade e dotados de organicidade, constituindo-se em documentos iconográficos.

O *Dicionário brasileiro de terminologia arquivística* apresenta a seguinte definição para o documento iconográfico: "gênero documental integrado por documentos que contêm imagens fixas, impressas, desenhadas ou fotografadas, como fotografias e gravuras" (Arquivo Nacional, 2005:76).

Um entendimento mais explicativo em torno dos documentos iconográficos é pontuado por Damián Cervantes (2008:48, trad. nossa):

> Fundamentalmente se valem de uma linguagem visual baseada em imagens, formas, linhas, cores e signos não textuais para transmitir uma mensagem. Estes recursos permitem incluir nesta categoria os documentos de natureza fotográfica e cartográfica, assim como os mapas e desenhos. As informações se plasmam por meios mecânicos, eletrônicos ou químicos, no caso da fotografia tradicional.

As linguagens verbal e/ou sonora caracterizam o documento sonoro, tendo como essência a presença do som. O registro sonoro é

> um termo genérico utilizado para abranger uma ampla gama de formatos, incluindo discos de vinil, fitas magnéticas, discos compactos, e arquivos de computador. O termo não inclui gravações multimídia que incluem som, como a trilha sonora de um filme [Pearce-Moses, 2005:364-365, trad. nossa].

Nota-se o fato de a trilha sonora de um filme não ser considerada um documento sonoro, pois, apesar da forma de captação separada da imagem em movimento, foi criada para atender a determinada obra audiovisual, o que a caracteriza como documento audiovisual.

A definição e abrangência do conceito de documento audiovisual envolve uma problemática linguística e terminológica, conforme destacado por Paule René-Bazin, no âmbito do XI Congresso Internacional de Arquivos, em Paris, no ano de 1988:

> Alguns escolhem interpretar "audiovisual" em um sentido mais amplo, incluindo os documentos visuais e os documentos sonoros [...], a saber: desenhos, mapas, estampas, cartaz, fotografias, assim como as películas, discos, fitas-cassetes etc. [René-Bazin, 1990:12, trad. nossa].

No âmbito dos principais dicionários e glossários de terminologia arquivística brasileiros, o documento audiovisual é um gênero documental resultado da associação entre a imagem e o som (Arquivo Nacional, 2005:73; Camargo e Bellotto, 2010:39; Conselho Nacional de Arquivos, 2014).

Com relação à presença da imagem em um documento audiovisual, esta se mostra em sua grande maioria em sequências de imagens fixas que, ao serem projetadas ou visualizadas, dão a impressão de movimento.

É importante destacar que muitos documentos audiovisuais, em seus primeiros exemplares, careciam do registro sonoro, que foi incorporado a partir da evolução tecnológica. Assim, configuram-se como audiovisuais a partir da ideia de impressão de movimento. Esse entendimento é ratificado pelo glossário da Câmara Técnica de Documentos Audiovisuais, Iconográficos, Sonoros e Musicais (CTDAISM), publicado em sua primeira versão no ano de 2014, e pela própria definição de obra audiovisual constante no glossário de termos técnicos do cinema e do audiovisual, publicado e utilizado no âmbito da Agência Nacional do Cinema (Ancine), no ano de 2008.

Na realidade brasileira, reconhece-se em âmbito prático e teórico a utilização mais frequente dos termos audiovisual, iconográfico e sonoro, em substituição ao termo documento especial.

Quanto às espécies e aos tipos documentais: a noção de identificação

Com relação à espécie documental, uma divisão do gênero documental, ela é determinada a partir da disposição e da natureza das informações contidas nos documentos. São exemplos de espécies documentais: ata, carta, decreto, memorando, ofício.

Conforme a configuração da espécie documental, a partir da atividade que a originou, determina-se o tipo documental. São exemplos de tipos documentais: cartas régias, decretos-leis.

Exemplificando a relação entre gênero, espécie e tipo documental:

<table>
<tr><th>Gênero</th><th>Espécie documental</th><th>Tipo documental</th></tr>
<tr><td rowspan="3">Textual</td><td rowspan="3">Carta</td><td>Cartas precatórias</td></tr>
<tr><td>Carta régia</td></tr>
<tr><td>Cartas patentes</td></tr>
</table>

Para Bellotto (2002:27), a espécie documental é o objeto da diplomática e objetiva identificar "o veículo que serviu como base jurídica ou consensualmente válida para que o conteúdo do documento, correto em sua estrutura semântica, se tornasse legítimo / fidedigno / credível".

Já a tipologia documental é considerada pela mesma autora uma ampliação da diplomática em direção à arquivologia: "A espécie torna-se tipo quando justamente lhe agregamos a sua gênese, a atividade / função / razão funcional que lhe gera a aplicação de uma *actio* em uma *conscriptio* (a espécie)" (Bellotto, 2002:28). A identificação das tipologias documentais contribui com os processos e técnicas que regem a gestão, a organização e o tratamento técnico dos documentos nas fases corrente e permanente.

No método de identificação da tipologia documental, entende-se por tipo a configuração que assume uma espécie de acordo com a atividade que a gerou. É a junção da espécie com a função documental, de que são exemplos boletim de ocorrência e certidão de nascimento. Na análise tipológica, são apresentados os elementos formais e de conteúdo que caracterizam a tipologia documental. Esse processo é considerado de extrema importância para os interesses da administração, já que vai fundamentar as tarefas das funções arquivísticas da avaliação, classificação, descrição e da produção documental (Rodrigues, 2008:84-87, 161, 203, 214).

Com base no conhecimento arquivístico gerado por meio da identificação das características que apresentam os tipos documentais, são definidas regras para sua formatação, utilização e tramitação. A avaliação também depende do conhecimento das competências atribuídas às áreas e das atividades que justificam a tipologia documental produzida para a correta atribuição de valores, prazos de retenção e guarda dos documentos. Da mesma forma, a organização e a descrição dependem do conhecimento de um conjunto de elementos, tais como: órgão produtor, competências, funções e atividades (Rodrigues, 2008:203, 206, 209).

O conhecimento dos elementos característicos de um documento arquivístico, bem como as diversas classificações dos arquivos e dos documentos, constitui uma primeira etapa de sua identificação, organização, armazenamento e acesso, entre outros aspectos. Esse conhecimento auxilia na sua contextualização, perpassando o conjunto de práticas arquivísticas aplicadas no decorrer de seu ciclo de vida.

Referências

ARQUIVO NACIONAL. *Dicionário brasileiro de terminologia arquivística*. Rio de Janeiro: Arquivo Nacional, 2005.

ASSOCIAÇÃO DOS ARQUIVISTAS HOLANDESES. *Manual de arranjo e descrição de arquivos*. Rio de Janeiro: Arquivo Nacional, 1973.

BELLOTTO, Heloísa Liberalli. *Como fazer análise tipológica de documento de arquivo*. São Paulo: Arquivo do Estado, Imprensa Oficial, 2002. (Projeto Como Fazer, 8).

_____. *Arquivos permanentes*: tratamento documental. Rio de Janeiro: FGV Ed., 2004.

BRASIL. Lei nº 8.159, de 8 de janeiro de 1991. Dispõe sobre a política nacional de arquivos públicos e privados e dá outras providências. *Diário Oficial [da] República Federativa do Brasil*. Brasília, DF, 28 jan. 1991. Disponível em: <www.planalto.gov.br/ccivil_03/leis/L8159.htm>. Acesso em: 19 fev. 2019.

_____. Lei nº 12.527, de 18 de novembro de 2011. Regula o acesso a informações previsto no inciso XXXIII do art. 5º, no inciso II do § 3º do art. 37 e no § 2º do art. 216 da Constituição Federal; altera a Lei nº 8.112, de 11 de dezembro de 1990; revoga a Lei nº 11.111, de 5 de maio de 2005, e dispositivos da Lei nº 8.159, de 8 de janeiro de 1991; e dá outras providências. *Diário Oficial [da] República Federativa do Brasil*. Brasília, DF, 18 nov. 2011. Disponível em: <www.planalto.gov.br/ccivil_03/_ato2011-2014/2011/lei/l12527.htm>. Acesso em: 19 fev. 2019.

CAMARGO, Ana Maria de Almeida. Arquivos pessoais são arquivos. *Revista do Arquivo Público Mineiro*, Belo Horizonte, n. 2, p. 26-39, 2009.

_____; BELLOTTO, Heloísa Liberalli (Coord.). *Dicionário de terminologia arquivística*. São Paulo: Associação dos Arquivistas Brasileiros, Núcleo Regional de São Paulo; Secretaria de Estado de Cultura, 2010.

_____; GOULART, Silvana. *Tempo e circunstância*: a abordagem contextual dos arquivos pessoais. São Paulo: Instituto Fernando Henrique Cardoso, 2007.

CERVANTES, Gumaro Damián. *Los documentos especiales en el contexto de la archivística*. México, DF: [s.n.], 2008. p. 93.

CONSELHO NACIONAL DE ARQUIVOS (CONARQ). *Glossário da Câmara Técnica de Documentos Audiovisuais, Iconográficos e Sonoros*. Rio de Janeiro: Conarq, 2014.

_____. *Glossário de documentos arquivísticos digitais*. Rio de Janeiro: Conarq, 2016.

CSÉVE, Magdaléna; HUNGRIA, Zoltá Bódi. El archivero de soportes especiales: una crisis de identidad. In: CONGRESO INTERNACIONAL DE ARCHIVOS, XII., 1992, Montreal. *Proceedings*... [S.l.: s.n.], 1992. p. 7.

FERNANDES, Maria Celia. *Arquivo da Cidade do Rio de Janeiro*: a travessia da "arca grande e boa" na história carioca. Rio de Janeiro: Secretaria Municipal de Cultura, Arquivo Geral da Cidade do Rio de Janeiro, 2011.

FONSECA, Maria Odila Kahl. *Arquivologia e ciência da informação*. Rio de Janeiro: FGV Ed., 2005.

GONÇALVES, M.; GUIMARÃES, P. M.; PEIXOTO, P. A. *Arquivos de família*: organização e descrição. Vila Real: Universidade de Trás-os-Montes e Alto Douro; Biblioteca Pública e Arquivo Distrital de Vila Real, 1996.

HERRERA, Antonia Heredia. *Archivística general*: teoria y práctica. Sevilha: Diputación Provincial de Sevilla, 1993.

HOUAISS, Antônio; VILLAR, Mauro de Salles. *Dicionário Houaiss da língua portuguesa*. Rio de Janeiro: Objetiva, 2009.

PAES, Marilena Leite. *Arquivo*: teoria e prática. Rio de Janeiro: FGV Ed., 2004.

PEARCE-MOSES, Richard. *A glossary of archival and records terminology*. Chicago: The Society of American Archivists, 2005. Disponível em: <www.archivists.org/glossary/index.asp>. Acesso em: 6 maio 2012.

RENÉ-BAZIN, Paule. La creacion y la reunion de nuevos documentos de archivo. In: CENTRO INTERAMERICANO DE DESARROLLO DE ARCHIVOS. *Anuario Interamericano de Archivos*. Córdoba: Centro Interamericano de Desarrollo de Archivos, 1990.

RODRIGUES, A. C. *Diplomática contemporânea como fundamento metodológico da identificação de tipologia documental em arquivos*. Tese (doutorado em história social) – Faculdade de Filosofia, Letras e Ciência Humanas, USP, São Paulo, 2008.

ROUSSEAU, Jean-Yves; COUTURE, Carol. *Os fundamentos da disciplina arquivística*. Lisboa: Dom Quixote, 1998.

SCHELLENBERG, Theodore Roosevelt. *Arquivos modernos*: princípios e técnicas. Rio de Janeiro: FGV Ed., 1974.

SILVA, Armando B. Malheiro da. Abordagem aos arquivos familiares e pessoais como sistemas de informação. *Arquivo & Administração*, v. 3, n. 1/2, 2004.

_____ et al. *Arquivística*: teoria e prática de uma ciência da informação. Porto: Afrontamento, 2009.

VAGANOV, Fedor M. La conservación de los nuevos documentos de archivo. In: CENTRO INTERAMERICANO DE DESARROLLO DE ARCHIVOS. *Anuario Interamericano de Archivos*. Córdoba: Centro Interamericano de Desarrollo de Archivos, 1990.

VIEIRA, Thiago de Oliveira; MARIZ, Anna Carla Almeida. A construção da noção de documentos especiais na arquivologia. *Revista do Arquivo Geral da Cidade do Rio de Janeiro*, v. 9, p. 287-302, 2015.

2

A construção do pensamento arquivístico: entre textos e contextos

Clarissa Moreira dos Santos Schmidt
Renato de Mattos

> *O arquivo não é uma área do governo, mas uma seção transversal do governo. É a janela do governo. A janela é uma parte da tectônica de uma casa e é necessária para torná-la habitável. Não é um dos quartos. No entanto, traz luz para todos os cômodos.*
> Menne-Haritz (1999:4).

Introdução

A partir da perspectiva histórica e epistemológica da arquivologia, analisaremos neste capítulo a conformação do pensamento arquivístico, compreendido como as relações entre os princípios, as teorias, as metodologias e as práticas arquivísticas, ou seja, a constante interação entre o saber e o fazer no campo dos arquivos. Ao reconhecermos seu estatuto científico, é importante assinalar que a arquivologia constitui área de conhecimento definida pela realização do pensamento arquivístico inserida na experiência prática com os arquivos. O pensamento arquivístico, portanto, mantém relação com essa experiência em uma dimensão temporal, em que convergem a relação entre as demandas formuladas no presente, as projeções e expectativas do futuro e o repertório teórico e prático herdado das gerações passadas. Assim, podemos dizer que o pensamento arquivístico é, foi e será construído ao longo do tempo, em conjunturas e lugares distintos, em contextos diferentes e a partir de abordagens diversas, elaboradas por autores inscritos em circunstâncias específicas.

Nessa perspectiva, examinaremos como a arquivologia se desenvolveu e se desenvolve nesta relação de diferentes tempos, em *textos* e *contextos* diversificados. Dessa forma, inevitavelmente nossas reflexões incidem diretamente sobre a literatura da área, sua produção científica, permitindo-nos identificar o desenvolvimento e as relações da trajetória epistêmica da arquivologia. Para tanto, valemo-nos de um recurso didático que não se pretende linear, tampouco exaustivo, e que consiste na caracterização das diferentes abordagens teóricas e de seus respectivos contextos históricos, a saber:

- arquivos antes da arquivologia;
- abordagens clássicas;
- abordagens modernas;
- abordagens contemporâneas.

Cada uma dessas abordagens é demarcada por temporalidades as quais situam acontecimentos que julgamos relevantes para entender a arquivologia, como pode ser visto no quadro 1.

Quadro 1

Sistematização de abordagens no processo de construção da arquivologia

Abordagem	Temporalidade	Acontecimentos
Arquivos antes da arquivologia	Da invenção da escrita até a Revolução Francesa (1789)	As primeiras teorias para o campo dos arquivos são resultados de processos que foram se construindo ao longo desse período.
Abordagens clássicas	Da Revolução Francesa (1789) até o pós-Segunda Guerra Mundial (a partir de 1945)	Novos usos para o documento de arquivo; estabelecimento do princípio de respeito aos fundos e da ideia de fundo; princípio da proveniência e da ordem original; sistema de registro; organicidade; custódia; arranjo; descrição.
Abordagens modernas	Do pós-Segunda Guerra Mundial (a partir de 1945) até o advento do documento digital (década de 1980)	Ampliação do olhar para os documentos modernos; gestão de documentos; classificação pelo elemento da ação; ciclo vital; teoria das três idades; avaliação de documentos; institucionalização da arquivologia no Brasil.
Abordagens contemporâneas	Pós-década de 1980	Advento do documento digital.

Fonte: elaborado pelos autores com base em Schmidt (2015).

Os arquivos antes da arquivologia

Para a arquivista italiana Luciana Duranti (2005), o chamado período dos "arquivos antes da arquivologia" compreende desde a Antiguidade oriental e clássica até o advento do Estado moderno, e pode ser considerado o período das "raízes da ciência arquivística".

Durante a Antiguidade (até o século V), ao arquivo atribuía-se o lugar no qual se guardavam os documentos, sendo os templos e palácios das antigas civilizações alguns desses locais. Os documentos eram, em sua maioria, leis, decretos, atas, sentenças judiciais, ordens de governos, entre outros, que nos permitem reconhecer certa organização administrativa nessas sociedades, como as *polis* gregas e a República romana. Nesses tempos, a ideia de arquivo remetia a depósitos de documentos a serviço da administração, os "tesouros" guardados pelo seu valor de garantia jurídica.

Após a queda do Império romano, a nova configuração da sociedade não atribuía as mesmas funções e valores aos arquivos, o que é considerado por Vivas Moreno (2004) um período de retrocesso nesse campo. O caráter probatório marcado nos documentos é substituído pela oralidade, e as estruturas administrativas já não eram mais as mesmas. Nos séculos seguintes, observou-se na Europa ocidental a fragmentação administrativa e social, passando a predominar o modelo de vida marcado pela diluição das fronteiras entre o público e o privado. Com isso, e sem um governo "do povo" que criasse e mantivesse documentos, essa função passou a ser exercida nas catedrais e nos mosteiros subordinados à autoridade papal. Segundo Cocepción Mendo Carmona (1995:117), "os arquivos eclesiásticos cumpriam a função de custodiadores dos títulos de propriedade, não só da Igreja, mas também de outras instituições públicas e de particulares". A custódia exercida pelos poderes eclesiásticos acarretou nova realidade para os arquivos, uma vez que estes passaram a ser guardados indistintamente em bibliotecas. Ou seja, os encarregados de organizar os livros passam também a ser responsáveis pela organização dos documentos, tornando-os assim sujeitos às mesmas práticas de organização. Ao tratar esse período da arquivologia como *instrumento indutivo e funcional*, Moreno (2004) caracteriza-o como ausente de teorias científicas, ou ainda reconhecidas como tal.

Entre os séculos XIV e XV, em função do incremento das atividades mercantis que marcaram o chamado Renascimento, alguns setores passam a recorrer cada vez mais ao direito romano a fim de respaldar legalmente muitas de suas novas práticas. Com efeito, o documento escrito recupera sua importância, visto que

> o poder da monarquia e sua força dependiam de seu patrimônio e para a defesa deste tinham que contar com os documentos que testemunhavam seus títulos de propriedade. Como a Igreja, os grandes senhores defendem sua herança e seus interesses, custodiando os documentos como verdadeiras joias [Carmona, 1995:118].

A partir do século XV, em um contexto marcado por um paulatino processo de centralização dos reinos europeus em torno da figura do monarca, os arquivos assumem novos valores, usos e uma função mais evidente: passam a ser compreendidos como verdadeiros "arsenais de autoridade" do Estado. Alçados à posição de instrumentos do poder dos recém-criados Estados modernos, os arquivos passam a contar com funcionários nomeados para organizar documentos e, principalmente, manter a autenticidade de certidões (Ribeiro, 1999:26). Trata-se do período que Carmona chama de "arquivística doutrina jurídica", abarcando os séculos XVI a XVIII.

Paralelamente, estava em curso uma série de transformações culturais e científicas que marcaram o Renascimento. Para além da retomada dos valores e referenciais estéticos da Antiguidade greco-romana, o movimento deflagrado nos principais centros urbanos italianos se assentava no fortalecimento do pensamento crítico que procurava se afastar do olhar teocêntrico predominante ao longo da Idade Média. É nesse contexto que se insere a invenção da imprensa pelo alemão Gutenberg, fator igualmente importante, influenciando diretamente a produção e a reprodução dos documentos.

No contexto do chamado "absolutismo monárquico", os arquivos passaram a ser partícipes da máquina administrativa do governo, adquirindo uma função predominantemente jurídica em termos políticos, conferindo às autoridades constituídas a legitimidade necessária à consecução de seus desígnios. Assim, é possível dizer que, em termos de técnicas de organização para a realização do fazer, predominavam aquelas direcionadas à garantia da custódia, bem como à conservação e à localização desses documentos. Por seu turno, apesar da revolução científica em curso, não há, na literatura da área, indícios relativos à inserção do campo dos arquivos nesse contexto.

Ainda que fora do jogo científico, segundo Carmona (1995), foi no século XVII que começou a surgir uma literatura arquivística que tinha como foco o aspecto jurídico dos arquivos. Tais tratados ressaltavam o valor probatório dos documentos, o que propiciou, principalmente na Espanha, "o surgimento de tratados de paleografia, que fundamentam sua utilidade na necessidade de poder ler os documentos preservados para o melhor arranjo dos arquivos e defesa dos direitos de seus proprietários" (Carmona, 1995:122).

Conforme assinala Duranti (2005), nesse período os documentos eram vistos como instrumentos valiosos para a autenticação de ações, proteção de patrimônios e preservação de sucessos históricos. A autora ainda afirma que naquele momento já existia a dupla função do documento de arquivo: prova e testemunho.

Como se pode perceber, os arquivos possuem uma existência muito antiga, enquanto a arquivologia, que não pode ser desprendida da história dos arquivos, começa a delinear uma configuração científica a partir de desenvolvimentos técnicos de seu fazer na segunda metade do século XVIII.

Pode parecer estranha nossa preocupação com a história dos arquivos ou, ainda, dos arquivos antes da arquivologia, se estamos focando nossa investigação em questões inseridas em uma perspectiva epistemológica. Nossas perguntas não deveriam partir apenas do momento em que se atribui à arquivologia *status* de ciência?

O fato é que a arquivologia surge como resultado de um desenvolvimento do fazer nos arquivos, que tem suas origens em período anterior ao desenvolvimento científico, podendo ser remetido ao ato de registro pelo homem para lembrar. A evolução desses registros se deu por muito tempo de forma prática e por aqueles que produziam e precisavam da informação registrada. Ao longo do tempo, seus usos foram sendo ampliados e modificados, ao passo que conjunturas específicas passaram a valorizá-los de diversas maneiras. Entretanto, todo o processo que antecede estas atribuições de valor aos registros é fundamental para a compreensão da configuração de sua importância, a ponto de existirem áreas que o analisam a partir de perspectivas científicas.

Nesse sentido, o que estamos definindo como *arquivos antes da arquivologia* é o processo de desenvolvimento do campo dos arquivos anterior ao estabelecimento "oficial" do arquivo enquanto instituição, abrangendo desde as necessidades sentidas pelo homem de produzir e manter documentos até a concepção de arquivo como um ramo especializado do serviço público, ou seja, o arquivo como instituição com funções e serviços específicos, inaugurado a partir da Revolução Francesa, em 1789.

Abordagens clássicas

O período compreendido entre a Revolução Francesa, em 1789, e o final da Segunda Guerra Mundial, em 1945, foi determinante para a construção da ciência dos arquivos. De acordo com Moreno (2004), foi nesse tempo que se iniciou o *desenvolvimento historiográfico e teoria especulativa*, afirmando ser, para a arquivologia, o início do caminho para a autonomia enquanto área que produz conhecimento em que se vão estabelecendo os primeiros enunciados teóricos, como o princípio da proveniência.

Compreendida pela historiografia como verdadeiro ponto de inflexão social, política, econômica e cultural, a Revolução Francesa remodelou as estruturas de governo, assim como as formas de organização da sociedade e os modos de vida até então existentes durante o chamado Antigo Regime. Sem aprofundarmos a discussão acerca das mudanças em curso à época, é importante refletirmos sobre os impactos que tais transformações provocaram nos significados atribuídos aos arquivos. Com efeito, para as instâncias governamentais assentadas em novos paradigmas políticos e jurídicos era interessante ter sob seu domínio principalmente os documentos cartoriais, uma vez que os bens da "antiga" classe dominante, devidamente registrados e documentados, foram confiscados, implicando que estes documentos fossem igualmente apropriados.

O período pós-Revolução Francesa consolidou a centralização dos documentos dos arquivos da França no "Arquivo da Nação",[1] modelo de instituição resultante do novo "papel" que os documentos passaram a representar nas relações de poder. Ademais, nesse período observavam-se em parte significativa do continente europeu a emergência do sentimento nacionalista e a necessidade de inserir na vida e no discurso dos cidadãos "raízes de identidade nacional". Os documentos que estavam nos arquivos foram elementos cruciais para essa construção, tornando-se mais fontes para a produção do conhecimento histórico do que prova jurídica, cabendo aos profissionais dos arquivos atender a essa necessidade.

Essa visão institucional do documento, implementada conforme ideais liberais e nacionalistas, transferira ao Estado a posse sobre os mesmos com objetivo de gestão patrimonial. Isso reforçou a necessidade de refletir sobre a organização dos documentos, já que seus crescimento e acúmulo apresentaram novos problemas, como falta de espaços e instalações inadequadas, além da ausência de profissionais aptos a organizá-los e disponibilizá-los.

Não só os novos usos atribuídos aos documentos como também a centralização dos arquivos franceses e, consequentemente, o caos

---

[1] Criado em 1789 como Arquivo da Assembleia Nacional e em 1794 transformado em depósito central dos arquivos do Estado, ao qual estavam subordinados os arquivos provinciais. Ao criar o Arquivo Nacional, o Estado francês assume seu papel de guardião de documentos acumulados por ele (Rondinelli, 2005:40).

derivado da mistura dessa grande quantidade documental favorecem o surgimento, nas primeiras décadas do século XIX, de uma série de instruções orientadas à resolução de questões dessa natureza, como

> a teoria formulada em 1841 pelo historiador francês Natalis de Wailly, [...] marca uma reviravolta na história da Arquivística. De Wailly, então chefe da Seção Administrativa dos Arquivos Departamentais do Ministério do Interior, foi o inspirador de uma circular assinada pelo Ministro Duchatel e divulgada a 24 de abril de 1841, que é a certidão de nascimento da noção de fundos de arquivos [Duchein, 1986:17].

A formulação francesa denominada "princípio do respeito aos fundos" surge como resposta a problemas práticos, do fazer, tornando-se um dos primeiros e talvez um dos fundamentais princípios teóricos da área, um saber que, quando aplicado, inaugurava a noção de *fundo*. A concepção francesa desse princípio referia-se exclusivamente à premissa de não se misturar documentos de instituições diferentes, consistindo em "manter agrupados, sem misturar com outros, os documentos que provêm de uma administração, de um estabelecimento ou de uma pessoa" (Campillos, 1996:20). Ainda sobre o respeito aos fundos, é importante assinalar que conjuntos de documentos de uma mesma instituição, quando agrupados, formam um fundo, o qual, internamente, de acordo com essa perspectiva francesa, deveria ser organizado por temas e métodos alfabéticos, cronológicos, geográficos. Já os chamados princípios da proveniência e da ordem original tiveram origem na Prússia, em 1874, com Heinrich von Sybel, quando este era diretor do Arquivo do Estado da Prússia, e foram baseados nas ideias de Max Lehmann.

De acordo com Schellenberg (2006), o princípio da proveniência estabelecia que os documentos públicos deveriam ser agrupados de acordo com as unidades administrativas que os criaram, ou seja, de acordo com a origem nos organismos públicos, sendo que o arranjo deveria ser elaborado a partir da disposição dada pelos produtores dos documentos e a preservação ficaria a cargo do arquivo de custódia permanente. Ainda segundo o autor, o princípio da ordem original é a manutenção dessa "disposição original", advindo sua natureza teórica do princípio do registro, ou *registratur*, alemão.

Os documentos, quando classificados por esses princípios – também conhecidos como princípios classificatórios – têm a organicidade revelada. Assim, tais princípios tornaram-se regra de classificação a ser seguida pelos Países Baixos, nos quais foram introduzidos oficialmente em julho de 1897, um ano antes da publicação do *Manual dos holandeses*.

Isso posto, inferimos que os primeiros *marcos teóricos* da arquivologia passaram a problematizar a classificação dos documentos de arquivo menos por assuntos e temas e mais por ordem de produção. Inicia-se, assim, uma autonomia em relação às teorias de classificação utilizadas em outros campos, como a biblioteconomia, por exemplo, diferenciando o documento de arquivo de outros documentos e sustentando uma teoria arquivística responsável pelo delineamento de uma identidade para a área.

Antes de adentrar as análises que inserem o campo dos arquivos na perspectiva científica, é importante refletir sobre alguns pontos apresentados no que tange a sua história, uma vez que somos levados a considerá-los elementos significativos para a análise da nossa problemática. Um deles é compreender a trajetória da arquivologia enquanto área de saber como resultado do processo histórico de transformações pelas quais passou a história dos arquivos, principalmente nos quesitos valor e uso atribuídos aos documentos. É importante lembrar que essas atribuições estão intrinsicamente relacionadas aos contextos econômicos, sociais, políticos e culturais dos quais emergem. Outros pontos a serem considerados referem-se às diferentes maneiras pelas quais o percurso da área é percebido, construído e vivido pelos membros da comunidade, bem como as diferenças conceituais e de constituição acerca dos "divisores de águas": princípio do respeito aos fundos, princípio da proveniência e princípio da ordem original.

Contudo, o mais importante a ser aqui destacado é que o que constituía os arquivos e justificava sua existência eram os documentos em suporte físico. E para esses documentos atribuíam-se valores e usos a partir de diferentes necessidades de conservar as informações neles materializadas. Essas atribuições afetavam diretamente os locais em que deveriam ser guardados e as maneiras de serem cuidados.

É em consonância com essa atribuição de valores, usos e funções que o documento de arquivo em si mesmo significa que vamos pensar o campo dos arquivos inserido na perspectiva de saber.

Quadro 2

Abordagens clássicas: marcos teóricos entre textos e contextos

<table>
<tr><th>Contexto histórico</th><th>Texto</th><th>Marcos teóricos</th></tr>
<tr><td rowspan="6">Holanda, 1898</td><td rowspan="6">Manual de arranjo e descrição de arquivos, também conhecido como Manual dos holandeses. Escrito por três arquivistas holandeses: Samuel Mueller, Johan Feith e Robert Fruin</td><td>Considerado o referencial que situa o surgimento institucional da arquivologia como área de saber.</td></tr>
<tr><td>Sistematiza cem regras para arranjo e descrição de arquivos, ou seja, regras para classificar e descrever.</td></tr>
<tr><td>Contempla os princípios da proveniência e da ordem original, organicidade, descrição e inventário.</td></tr>
<tr><td>Ao registrar tais teorias e metodologias da área, afirma e reforça a diferença entre o fazer da biblioteca e o do arquivo.</td></tr>
<tr><td>Traz claro o prenúncio de uma terminologia da área, utilizada em tempo presente fundamentalmente na lida com documentos de caráter permanente.</td></tr>
<tr><td>Normaliza as atividades com documentos públicos considerados históricos.</td></tr>
<tr><td rowspan="3">Itália, 1928</td><td rowspan="3">Manual archivistica, Eugenio Casanova</td><td>Atribui doutrinas à arquivologia, principalmente a tornando autônoma em relação à história e à diplomática, colocando sua perspectiva dos arquivos no campo científico.</td></tr>
<tr><td>Dedica algumas de suas reflexões à questão da terminologia da área e aborda a história dos arquivos e da arquivologia em seu manual.</td></tr>
<tr><td>Prevalecem as abordagens teóricas e práticas do campo dos arquivos.</td></tr>
</table>

▼

▼

Alemanha, 1953	Seis anos após sua morte, o alemão Adolf Brenneke teve suas palestras e trabalhos reunidos por seu ex-aluno Wolfgang Leesch, que os sistematizou e publicou em forma do *Manual Archivkunde*	Propõe a *classificação pela função de produção* e a ausência de obrigação do arranjo físico dos documentos.
		Apresenta três diferentes maneiras de estabelecer a *organicidade*.
		Considera a *avaliação* pela instituição arquivística.
		Desenvolve uma taxonomia analítica dos sistemas de arquivos, diferenciando os documentos produzidos dos acumulados.
Inglaterra, 1922	*Manual de administração de arquivos*, Hilary Jenkinson	Escrito a partir de suas experiências profissionais e seus conhecimentos sobre diplomática, paleografia e tratamento com documentos medievais.
		Fala em ciência dos arquivos e sugere novos pontos de vista ao campo dos arquivos, sendo o principal a ideia de custódia. Indica ainda a *preservação na custódia oficial* como sua principal contribuição.
		Veracidade arquivística × *veracidade histórica*.
		Argumenta que os arquivos não são elaborados para interesse ou a informação da posteridade, pois a *qualidade essencial do documento de arquivo é sua produção visando ao caráter probatório de uma ação*, diferente da atribuição de sentido dada ao documento pelo historiador.
		Reflete sobre as qualidades essenciais do documento de arquivo, apresentando quatro características que lhe são inerentes: *imparcialidade, autenticidade, naturalidade e interdependência*.

Fonte: elaborado pelos autores com base em Schmidt (2015).

As técnicas utilizadas no fazer passam a ser consideradas agora em perspectiva de conhecimento científico, tendo como principais expoentes os arquivistas holandeses, o inglês Hilary Jenkinson, o italiano Eugenio Casanova e o alemão Adolf Brenneke. Isso não significa que esses autores foram os únicos ou que somente nesses países se pensava a área como um campo de saber que vislumbrava análises e reflexões de cunho científico. Entretanto, é possível afirmar que eles consolidaram, em seus respectivos países, o fazer e o saber dos arquivos sobre o pilar do conhecimento científico. Essa construção se deu tanto pela disseminação de ideias advindas de outras experiências quanto pela elaboração e registro de suas próprias ideias e experiências. Ideias essas que foram e são, sistematicamente, revisitadas pela área.

Portanto, esses autores considerados "clássicos" inauguraram uma nova ordem ao documento: a da primazia do contexto frente ao conteúdo e a equivalência entre fatos e atividades, estabelecendo aí a essência do documento de arquivo, isto é, seu valor probatório. As análises e teorias foram elaboradas a partir do que consideravam arquivo, ou seja, arquivo considerado histórico e de natureza pública.

Abordagens modernas

Ao adentrar do século XX, seguem-se os modelos da arquivologia clássica, considerada uma ciência fundamentada a partir da práxis com documentos julgados históricos, cunhada pelos países europeus. Assistimos nesse continente a uma significativa produção de manuais para a área, como vimos, já que, além da necessidade de responder a anseios do trabalho prático nos arquivos, essa "nova ciência" passou a ser ensinada e precisava de material didático para isso. Foram estabelecidas diferenças teóricas em relação à biblioteconomia, e a classificação de documentos de arquivo passou a considerar os princípios do respeito aos fundos, da proveniência e o da ordem original em detrimento das temáticas ou por assuntos.

A partir da segunda metade do século XX, em um momento marcado pelo aumento da produção documental, observa-se nos Estados Unidos a crescente preocupação com os arquivos. Isso acontece logo após o término da Segunda Guerra Mundial, em que se distinguia o grande desenvolvimento tecnológico, a institucionalização da ciência da informação, a valorização das chamadas ciências sociais e o crescimento na produção de informações científicas, bem como as produzidas nas estruturas administrativas.

Dentro de nossa proposta de classificação histórico-epistemológica para a arquivologia, o período que se segue à Segunda Guerra e vai até o final da década de 1980, no mundo ocidental, foi marcado pelas *abordagens modernas*. Essa atribuição de "moderna" resulta de uma nova realidade que se apresenta ao campo dos arquivos, isto é, a importância e a preocupação com os documentos administrativos, definidos pelos pensadores da arquivologia à época como "documentos modernos", visto que eram aqueles recém-produzidos e em grandes quantidades, os quais atualmente denominamos "documentos correntes", diferente da concepção vigente em cujo foco estavam os documentos considerados históricos e por meio dos quais as teorias, funções e princípios da arquivologia vinham sendo construídos em solo europeu.

Quadro 3

Abordagens modernas: marcos teóricos entre textos e contextos

Contexto histórico	Texto	Marcos teóricos
Estados Unidos, fins dos anos 1940 e a partir da década de 1950	Promulgação da Lei de Arquivos pelo governo americano em 1950	Fica estabelecida a "doutrina" americana de *gestão de documentos*, isto é, a *Records Management* – focada na eficácia administrativa e que estabelece práticas diferentes dos *documents*, com ênfase nos documentos de valor histórico.
	Manual arquivos modernos: princípios e técnicas, 1956, T. R. Schellenberg	Um dos principais representantes de propostas "modernas" para os "novos documentos de arquivo".
		Desenvolve teoria de valor para *avaliação (primário e secundário)* de documentos de arquivo, a ser operada pelo arquivista.
		Ação que gera os documentos como elemento para classificá-los.
		O contato de Schellenberg com o pensamento do alemão Brenneke se dá por influência de Ernst Posner, arquivista alemão que, durante a eclosão da Segunda Guerra Mundial (1939), após 15 anos de trabalho no Arquivo de Estado da Prússia, em Berlim, e tendo Brenneke como colega, é forçado a deixar seu cargo por imposição do regime nazista, que o perseguia devido à origem judaica de sua família, tendo por isso, aos 46 anos, emigrado para os Estados Unidos.
	Philips C. Brooks Comissão Hoover	A *teoria do ciclo vital* e a *teoria das três idades* indicam maneiras de contemplar a administração dos documentos recém-criados, dividindo-os em etapas cuja utilidade vai determinando seu valor.

▼

▼

Austrália, fins dos anos 1950 e a partir da década de 1960	Sendo esse um país novo, a fundação de um Arquivo Nacional tem origem nas necessidades de organizar os documentos recém-produzidos, os *modernos*	Os australianos basearam-se, inicialmente, nas teorias arquivísticas de Hilary Jenkinson, inclusive porque foram colônia da Inglaterra por muitos anos. Em 1954, levam Schellenberg para ensiná-los a trabalhar com documentos modernos (classificar); acreditavam que as ideias de Jenkinson eram mais direcionadas para documentos considerados históricos.
Austrália, 1964	Peter Scott	Peter Scott propõe abandonar a abordagem de *record group* e adotar o que nomeou *sistema de séries*, pois argumentava que *record group* não refletia adequadamente as realidades da criação e do uso de documentos em ambientes de mudanças administrativas complexas, nos quais a proveniência múltipla era um fenômeno comum.
		Esse sistema de séries constitui uma abordagem dinâmica para o controle intelectual dos documentos – a classificação – e permite que qualquer conjunto de documentos, tanto os em processo de trâmite quanto os já arquivados, possam ser vistos por múltiplos prismas contextuais, por meio de estratégias de descrição capazes de espelhar a natureza dinâmica da criação de documentos.

Fonte: elaborado pelos autores com base em Schmidt (2015).

Os novos usos atrelados aos arquivos, às iniciativas de gestão documental, à valorização dos documentos administrativos, bem como às teorias para avaliação dos documentos estavam visivelmente acontecendo principalmente nos países americanos "desenvolvidos", ou seja, Estados Unidos e Canadá. Vivia-se então, em termos de arquivo como instituição e serviço, a dualidade entre o caráter cultural e histórico, preconizado pelos europeus e símbolo da arquivologia clássica, e uma nova perspectiva, oriunda entre norte-americanos e gestada após o término da Segunda Guerra Mundial, em que o arquivo era compreendido como serviço administrativo, a grande "descoberta" da arquivologia moderna. De acordo com Moreno (2004:88, trad. nossa), a segunda metade do século XX marca a arquivologia por reconhecer duas tradições:

a europeia – que através da consolidação do Estado moderno e ideologias políticas surgidas no século XIX, nos vincula mais ao direito e à história – e a norte-americana – que através do desenvolvimento capitalista e industrial nos aproxima das organizações privadas e da gestão administrativa.

Ademais, observamos que se delineiam disputas no interior de um campo científico cada vez mais consolidado, emergem diferenças terminológicas, princípios são difundidos e adaptados para diferentes realidades e teorias novas são elaboradas, como a do ciclo vital e a das três idades. Por fim, é importante destacar que essas construções teóricas resultam do trabalho prático empreendido com documentos considerados modernos, de natureza pública e em suporte físico.

Abordagens contemporâneas

Mesmo o século XX representando para a arquivologia o período de afirmação e consolidação em termos de saber, seus últimos anos foram marcados pelo desenvolvimento tecnológico, a ponto de os arquivistas repensarem o fazer e o saber para a área, seu papel social e a própria profissão. Os questionamentos não estavam mais polarizados entre os "novos/modernos" *versus* "velhos/históricos" documentos e as abordagens que os estabeleciam. Era necessário lidar com novos suportes documentais e perfis de usuários, além das mudanças que se apresentavam com a introdução das tecnologias na produção documental.

É nesse cenário de incertezas que se desenvolve o que delimitamos como *abordagens contemporâneas*. Um tempo sujeito às mudanças sociais e tecnológicas que fazem a área revisitar sobremaneira seu estatuto científico, da mesma forma que os avanços da ciência, da tecnologia e a Segunda Guerra Mundial geraram tamanha produção documental a ponto de levar a comunidade arquivística da época a repensar o que havia sido construído até então. Mas, diferentemente de sua fase moderna, o que se apresenta atualmente em termos de produção documental, usos, valores e funções de documentos é uma realidade cada vez com menos fronteiras, muros e papel. Sem fronteiras por estar sua natureza científica inserida nos projetos de interdisciplinaridade substanciados pelos pensamentos "informacional" e "pós-moderno". Sem muros porque os arquivos, aqui entendidos como instituição e/ou serviço, cada vez menos guardam documentos em suporte físico ou atendem usuários *in loco*, valendo-se da internet, dos bancos de dados e das redes para cumprir suas atribuições. E sem papel, como consequência de a produção documental ter sido significativamente alterada pelas tecnologias da informação e comunicação (TICs).

Todos esses fatores são, sem dúvida, fundamentais para a reflexão sobre a área. No entanto, o mais importante e que não pode ficar à margem desses enunciados é como seus princípios, teorias e funções estão inseridos nessa discussão; como estão sendo pensados, redescobertos, revisitados, ampliados, adaptados, negados, rejeitados ou até modificados. Muitos dos movimentos que emergem atualmente no interior do campo científico da arquivologia militam para que o paradigma da área se desloque do que classificam como abordagens "tradicionais" e "custodiais" – focadas nos documentos considerados históricos e em suporte físico, fundamentalmente produzidos no âmbito público e que reservam aos arquivistas o papel de tratá-los somente quando da chegada ao arquivo – para perspectivas autodenominadas "pós-modernas" e "pós-custodiais", que enfatizam a informação e o processo de produção documental, com o arquivista atuando antes de o documento chegar ao arquivo e trabalhando com documento de arquivo sem fisicalidade, entre outros aspectos.

De acordo com Ridener (2009:9), para quem a década de 1980 representa o início de uma fase de colapso para a arquivologia devido ao novo mundo digital, as mudanças de paradigmas vivenciadas pela área nesse período acontecem a partir da "crise na profissão", exigindo tentativas, por parte dos profissionais que a exercem, de alterar os paradigmas dominantes para responder às perguntas concebidas frente à realidade que se apresenta. As dificuldades de trabalhar com situações novas usando "velhas" teorias implicam concepções diferentes de um problema e suas possíveis soluções.

Quadro 4

Abordagens contemporâneas: marcos teóricos entre textos e contextos

Contexto histórico	**Texto**	**Marcos teóricos**
Austrália A partir da metade da década de 1990	*Records continuum*	Derivada da existência do mundo digital e baseada na abordagem do "sistema de séries", estabelece uma perspectiva contínua para a gestão de documentos que não separa os documentos correntes dos permanentes nem a profissão entre *records managers* e *archivists*.
		Documento de arquivo como entidade lógica, e não física.
		Rejeita a teoria do ciclo vital por considerá-la linear e fragmentada.
		Alguns representantes: Livia Lacovino, Frank Upward, Xiaomi An, Peter Marchal, Jay Kennedy, Cherry Schauder, Sarah Flynn, Adrian Cunnigham, Barbara Reed, Dagmar Parer, Ann Pederson, Sue Mckemmish, Michael Piggot, Chris Hurley.
Portugal Final da década de 1990	Pós-custodial	Mais ênfase na informação do que nos aspectos físicos e estáticos do documento.
		Dinâmica transdisciplinar e interdisciplinar; defende mudança/ampliação do objeto científico, isto é, mudança do paradigma custodial para o pós-custodial.
		Alguns representantes: Armando Malheiro, Fernanda Ribeiro.
Montreal/ Quebec (Canadá) Década de 1980	Arquivística integrada	Negação da divisão americana "moderna" entre *records* e *archives*.
		(Re)construção da área e sua (re)condução ao nível de disciplina científica.
		Gestão da informação devendo subsidiar a gestão de documentos.
		Integração dos valores primários e secundários aos documentos.
		Alguns representantes: Luis Carlos Lopes, Carol Couture, Jean Yves Rousseau, Jacques Ducharme.

▼

▼

Canadá inglês Final da década de 1980	Arquivística funcional ou pós-moderna	Crítica à diplomática arquivística.
		Propõe a macroavaliação e a redescoberta da proveniência com o discurso do "contexto por trás do texto".
		Conceito de fundo dinâmico em detrimento de um fundo estático (realidade dinâmica estática).
		Paradigma social dos arquivos; influência do sujeito na produção.
		Documento como produto de uma atividade, e não como subproduto; documento não é considerado imparcial e neutro.
		Análise funcional do processo de criação do documento; mudança de foco do documento para o processo que o criou; novas formas de produção documental.
		Pós-modernidade como tendência intelectual; documento digital é o primeiro cerne da "pós-modernidade" para a área.
		Alguns representantes: Terry Cook, Hugh Taylor (proclamou a mudança; é inglês, mas em 1965 se mudou para o Canadá), Tom Nesmith, Laura Millar, David Bearman, Eric Ketelaar (holandês; Archivalization), Hans Booms, Verne Harris, Ciaran B. Trace (EUA), Barbara Craig.
Canadá inglês; Itália	Diplomática arquivística ou contemporânea	Volta aos clássicos (Jenkinson); redescoberta da proveniência; documento como subproduto de uma atividade; valor probatório; gênese e tipologia documental; texto por trás do contexto; prevalecem a *imparcialidade*, a *autenticidade*, a *neutralidade*, a *unicidade* e o *inter-relacionamento*.
		Diplomática para compreender o processo de produção dos documentos; reinventa uma disciplina muito ligada à paleografia e documentos antigos, históricos. Diferente da diplomática clássica, que trabalhava com documentos únicos, antigos e históricos, essa diplomática se vale das séries documentais, podendo também ser aplicada aos documentos contemporâneos.
		Documento como subproduto; reflexões advindas da existência dos documentos digitais; projeto InterPARES.
		Alguns representantes: Luciana Duranti (Itália), Bruno Delmas (França), Paola Carucci (Itália).
Espanha e Brasil A partir da década de 1980	Tipologia documental e identificação	Fixação dos tipos documentais mais recorrentemente produzidos e solicitados; formação de séries documentais; determinação da identidade do documento de arquivo; caracterização dos atributos próprios e exclusivos que conferem essa identidade, elementos que o individualizam e o distinguem em seu conjunto; revelação do vínculo arquivístico.
		Alguns representantes: Vicenta Cortés Alonso, Heloisa Bellotto, Ana Célia Rodrigues.

Fonte: elaborado pelos autores com base em Schmidt (2015).

Diferentemente do que sistematizamos acerca das abordagens clássicas e modernas, isto é, o *texto* representado por obra e autor específico, na perspectiva das abordagens contemporâneas não temos seus pressupostos necessariamente consolidados e difundidos por meio de manuais impressos ou, ainda, autores específicos. O que observamos são alinhamentos teóricos, não necessariamente homogêneos, acerca de determinadas temáticas, convencionando pensamentos arquivísticos por correntes. Ademais, com a globalização e o desenvolvimento tecnológico, o intercâmbio de ideias e de problemas propicia confluências teóricas e metodológicas. Tais questões justificam, no quadro 4, a representação das correntes, e não de obras ou autores representativos da literatura arquivística.

Considerações finais

Durante a trajetória da arquivologia em temporalidades representadas por abordagens clássicas e modernas, compreendemos não haver dificuldades em considerar que o fundamento da área estava sustentado pelas intervenções físicas e/ou intelectuais junto ao documento de arquivo, em diferentes suportes físicos. E que, a partir destas intervenções, foram concebidas teorias, princípios e funções para a área.

Diferentemente das abordagens modernas, nas quais as preocupações direcionavam-se principalmente a questões concernentes aos documentos de arquivo em suas fases correntes e permanentes, em papel ou em outros suportes físicos nos quais a informação se materializava, durante os primeiros anos da atual fase pela qual passa a arquivologia, as angústias dirigiram-se para a produção e a materialização desse documento em suporte eletrônico. As dificuldades em apreender seu contexto de produção, os problemas em garantir a autenticidade e a preservação em meio à possibilidade de alterações e obsolescência do suporte eram, e continuam sendo, algumas das problemáticas que se apresentam à área.

O fato é que agora, mesmo não resolvidos os anseios advindos com o documento digital, muitas vezes os resultados das ações realizadas por uma instituição ou pessoa no exercício de suas atividades, e que devem ser mantidos por seu valor probatório e/ou informativo, são "desprovidos de fisicalidade" ao serem produzidos e registrados em sistemas informativos ou banco de dados. Tais mudanças afetaram de forma contundente o fazer arquivístico, dificultando a identificação da proveniência e do inter-relacionamento dos documentos, por exemplo. Nessa linha de pensamento, entendemos que não apenas as diferentes teorias e metodologias das funções arquivísticas, como também as teorias e princípios da área, o papel e a atuação dos arquivistas estão sendo revisitados.

Essa "crise" vivenciada pela arquivologia se dá pelas inovações tecnológicas que transformam as formas e as maneiras pelas quais e sobre as quais os documentos de arquivo – objeto de trabalho dos arquivistas – são produzidos. Além de influenciar o trabalho desses profissionais, tanto em relação ao saber quanto ao fazer, as novas formas de produção documental afetam decisivamente aquilo que fundamenta a ciência dos arquivos, ou seja, as garantias quanto à representação fiável do material de arquivo, a veracidade arquivística.

Por fim, cumpre ressaltar que tentamos demonstrar aqui como a natureza, o uso e as funções dos arquivos carregam as características e marcas do tempo, que estão enraizadas na trajetória da arquivologia. Um tempo social que não é igual para todas as culturas, em que os atributos dos arquivos estão sujeitos às transformações políticas, econômicas e sociais, às diferenças históricas e às diferenças regionais. Essas marcas temporais ficam claras quando interpretamos as diferentes abordagens que representam a área. Tais constatações nos levam a considerar que o pensamento arquivístico não é único e toma variadas direções. Embora existam claras demonstrações de rupturas entre abordagens dissonantes, há também sinais de adaptação e diversidade.

Referências

ASSOCIAÇÃO DOS ARQUIVISTAS HOLANDESES. *Manual de arranjo e descrição de arquivos*. Rio de Janeiro: Arquivo Nacional, 1960.

BRENNEKE, Adolf. *Archivkunde*: ein Beitrag zur Theorie und Geschichte des Europäischen Archiwesens. Leipzig: Köhler und Amelang, 1953.

CAMPILLOS, María Paz Martin-Pozuelo. *La construcción teórica en archivística*: el principio de procedencia. Madri: Universidad Carlos III y BOE, 1996.

CARMONA, Cocepción Mendo. El largo camino de la archivística: de práctica a ciência. *Revista de Historia de la Cultura Escrita*, Madri, n. 2, p. 113-132, 1995.

CASANOVA, Eugenio. *Archivistica*. Siena: Stab Arti Grafiche Lazzeri, 1928.

DUCHEIN, Michel. O respeito aos fundos em arquivística: princípios teóricos e problemas práticos. *Arquivo & Administração*, Rio de Janeiro, v. 10-14, n. 1, p. 14-33, abr. 1982/ago. 1986.

DURANTI, Luciana. *Ciência archivistica*. Trad. Manuel Vázquez. Córdoba: [s.n.], 2005.

JENKINSON, H. *A manual of archive administration including the problems of war archives and archive making*. Londres: Oxford, 1922.

MENNE-HARITZ, Angelika. Administration and archives: thoughts on the latency of time in administrative work and the role archives play to make it visible. *Verwaltung & Management*, v. 5, n. 1, 1999.

MORENO, Augustín Vivas. El tiempo de la archivística: un estudio de sus espacios de racionalidad histórica. *Ciência da Informação*, Brasília, v. 33, n. 3, p. 76-96, set./dez. 2004.

RIBEIRO, F. *O acesso à informação nos arquivos*. Lisboa: Fundação Calouste Gulbekian, 1999. 2 v.

RIDENER, J. *From polders to postmodernism*: a concise history of archival theory. Duluth: Litwin Books, 2009.

RONDINELLI, R. C. *Gerenciamento arquivístico de documentos eletrônicos*. Rio de Janeiro: FGV Ed., 2005.

SCHELLENBERG, T. R. *Arquivos modernos*: princípios e técnicas. Rio de Janeiro: FGV Ed., 2006.

SCHMIDT, Clarissa Moreira dos Santos. *A construção do objeto científico na trajetória histórico-epistemológica da arquivologia*. São Paulo: Arq-SP, 2015.

3

Gestão de documentos: notas iniciais

Paola Rodrigues Bittencourt
Natasha Hermida Pereira Castro da Silva

O funcionamento de qualquer administração depende essencialmente de seus documentos, da mesma maneira que todas as operações que foram, são ou serão desenvolvidas. Assim, a produção e o recebimento de documentos, no decorrer das atividades, independentemente de seu suporte, registram suas políticas, suas funções, seus procedimentos e suas decisões. Para cada função, atividade ou ação, inúmeros documentos precisam ser produzidos por uma mesma unidade. São esses inúmeros documentos gerados para cumprir cada função e atividade de uma organização que formam os arquivos.

Ao analisar a utilidade dos arquivos, Delmas (2010) indica que servem para:

1) provar para defender seus direitos;
2) lembrar o que foi feito e a experiência adquirida para agir;
3) conhecer para entender aquilo que outros fizeram ou descobriram;
4) identificar-se para existir e promover as relações sociais.

Entre as possibilidades mencionadas por Delmas, a primeira se refere à função probatória e administrativa dos arquivos. A concepção dos arquivos como prova de direitos e de deveres, como registro das ações de uma organização ou pessoa, evidencia um conjunto de atividades desenvolvidas por um grupo específico de pessoas em determinados tempo e local. Essas ações conferem ao arquivo uma dimensão administrativa e legal inerente à sua constituição. Delmas (2010:19) acrescenta, ainda, que "quanto mais documentos são usados para que os homens registrem seus atos e assegurem a sua continuidade e estabeleçam relacionamentos duráveis entre si, mais eles produzem e conservam arquivos".

Os documentos são uma consequência inevitável de qualquer administração, e a formação de arquivos é natural em uma organização. Entretanto, para que possam atender às necessidades de seus produtores, não basta tê-los; é fundamental que esses documentos sejam completamente controlados, mantidos e armazenados ao longo do tempo. É para atender a essas necessidades que serve a gestão de documentos. Segundo James Rhoads (1989:42, trad. nossa):

> Bons arquivos dependem, em grande parte, de programas efetivos de gestão de documentos, uma vez que essa é a única maneira de garantir que documentos permanentes sejam produzidos em materiais duráveis, organizados de modo que possam ser facilmente recuperados, devidamente tratados por um período de tempo de existência ativa, e registrados, avaliados e transferidos adequadamente para os arquivos.

Contudo, os documentos têm uma existência definida: eles são gerados, isto é, são produzidos para atender a uma finalidade específica e, a partir disso, transitam, instruem, somam informações, guardam, geram efeitos e encerram sua atuação principal, aquela para a qual foram criados.

Para os documentos, no decorrer de suas funções, há períodos de maior utilização, de menor utilização e até de completo desuso. Mais tarde, alguns serão destruídos, e outros, conservados permanentemente como provas e/ou fontes para pesquisa. Uma vez que os documentos são uma necessidade, ou melhor, uma condição essencial à burocracia, uma vez que servem de provas para todas as transações, cumpre manter o controle sobre todos, de modo que fique assegurado acesso aos mesmos em qualquer tempo ou circunstância, no menor prazo possível.

Para isso, é fundamental que os arquivos de uma instituição componham um sistema bem delineado por meio do qual os documentos, cumprindo suas finalidades, fluam naturalmente, obedecendo a normas que estabeleçam sua movimentação. Daí se pode concluir que as atividades de arquivos em uma empresa de qualquer natureza ou dimensão representam o apoio básico para seu desempenho e progresso.

Gestão de documentos

A arquivologia, nas últimas décadas, dedicou especial atenção à gestão de documentos, mais especificamente ao seu conceito e à sua prática. De origem norte-americana, a mesma recebeu novas dimensões e perspectivas quando inserida em contextos e práticas arquivísticas distintas.

> A gestão de documentos, aplicada em sua plena lógica gerencial, sobretudo nos Estados Unidos e Canadá, repercutiu, em outras "tradições arquivísticas", de maneiras diversas, na construção ou redefinição de modelos distintos na administração dos processos arquivísticos, desde a produção à destinação final dos documentos [Jardim, 2015:44].

Não há uma definição universal para a gestão de documentos, uma vez que esta depende de alguns fatores, como o contexto administrativo, normativo e até arquivístico de um país, pois tudo isso influencia o que cada tradição arquivística compreende como gestão de documentos. Entretanto, para o Brasil há definições já consolidadas e amplamente difundidas, como a apresentada pelo Arquivo Nacional (2005:100), em que a gestão de documentos é assim entendida:

> Conjunto de procedimentos e operações técnicas referentes à produção, tramitação, uso, avaliação e arquivamento de documentos em fase corrente e intermediária, visando sua eliminação ou recolhimento. Também chamado administração de documentos.

O termo "gestão", isolado, está relacionado à administração, ao ato de gerenciar. Isso significa que é preciso ir além de produzir um documento, colocar alguma informação registrada em um papel, disquete, foto ou CD; é preciso também que se tenha um planejamento, de tal forma que, mesmo com uma imensa quantidade de documentos produzidos diante das ferramentas tecnológicas disponíveis nos dias atuais, seja possível localizar e utilizar a informação no tempo exato e necessário para uma tomada de decisão.

Assim, a gestão de documentos tem como principal objetivo garantir o controle sobre a totalidade de documentos arquivísticos produzidos em razão do desempenho das funções e atividades de uma organização. Entretanto, esse objetivo principal se desdobra, ainda, em outros objetivos mais específicos, como:

- otimizar o uso dos recursos humanos, materiais e financeiros;
- garantir que os documentos sejam produzidos, utilizados e destinados de forma adequada e segura;
- racionalizar a produção de documentos;
- assegurar a preservação e o acesso aos documentos de guarda permanente;
- possibilitar a eliminação adequada dos documentos, que já não são mais necessários à administração;
- contribuir para a melhoria contínua e o bom funcionamento administrativo da organização.

É importante destacar que, para a realização efetiva da gestão de documentos, a contribuição da alta administração organizacional é imprescindível. A busca pela economia e eficácia na produção, manutenção, uso e destinação final dos documentos é propósito que necessita de todo apoio organizacional para ser alcançado, incluindo, assim, a gestão documental aliada ao planejamento estratégico organizacional.

A gestão de documentos caracteriza-se pela aplicação de procedimentos que possam garantir o controle sobre os documentos arquivísticos durante todo o seu ciclo de vida, o que significa pelas "sucessivas fases por que passam os documentos de um arquivo, da sua produção à guarda permanente ou eliminação" (Arquivo Nacional, 2005:47).

De acordo com o estudo apresentado por Rhoads (1989:2), a gestão de documentos é dividida em três fases, cujos procedimentos irão conduzir o ciclo de vida dos documentos: produção, utilização e destinação final.

- Produção – fase em que se define e administra a criação dos documentos para que eles não sejam produzidos além do necessário;
- utilização e conservação – fase correspondente à tramitação e ao controle dos documentos produzidos;
- eliminação (destinação final) – fase em que os documentos são destinados para eliminação ou para guarda permanente.

Este ciclo de vida é contado a partir da produção do documento, do encerramento do ato, ação ou fato que a motivou e da sua frequência de uso. Diz-se na arquivística que essa fase tem relação com a vigência do documento.

Depois de destituído dessa vigência, o documento pode ser guardado em função da importância das informações nele contidas para a história da administração ou mesmo para tomadas de decisões pautadas em ações do passado.

No conjunto de procedimentos que devem ser aplicados durante o processo de gestão dos documentos, dois têm especial relevância, uma vez que todos os demais dependem destes: a classificação e a avaliação de documentos.

Entretanto, muitas vezes os procedimentos técnicos a serem aplicados durante o processo de gestão de documentos começam no protocolo. Essa é, em geral, a primeira unidade administrativa a aplicar procedimentos de controle sobre os documentos produzidos ou recebidos por uma organização.

De acordo com o *Dicionário brasileiro de terminologia arquivística* (Arquivo Nacional, 2005:140), protocolo é o "serviço encarregado do recebimento, registro, classificação, distribuição, controle da tramitação e expedição de documentos".

O protocolo, em muitas organizações, costuma aparecer na estrutura administrativa juntamente com o setor de arquivo, e um dos primeiros procedimentos a serem adotados é a classificação dos documentos, crucial para todas as demais atividades de controle sobre os documentos de arquivo.

A classificação e a avaliação dos documentos compõem o conjunto de atividades da gestão de documentos, e suas aplicações garantem o controle e a racionalização da produção documental.

Classificação de documentos

A classificação de documentos é a função que preserva o caráter orgânico dos documentos de arquivo, conforme afirma Sousa (2003:242), ou seja, pela classificação é possível identificar e preservar o vínculo arquivístico do conjunto de um arquivo como um todo.

É a classificação que permite compreender o contexto em que os documentos foram produzidos, pois o arquivo é dividido em uma estrutura hierárquica definida a partir das funções e atividades desenvolvidas pela organização que os produziu.

> A classificação é uma função importante para a transparência e o compartilhamento de informações, que são caminhos seguros para a tomada de decisão, para a preservação da memória técnica e administrativa das organizações contemporâneas e para o pleno exercício da cidadania [Sousa, 2003:241].

Embora a classificação tenha por objetivo manter a relação que os documentos de um arquivo possuem entre si, ela também contribui de modo fundamental para facilitar o acesso aos documentos. O arquivo tem mais a ver com o acesso ao documento do que com seu arquivamento propriamente dito; ou seja, se você arquiva um documento, precisa ter a capacidade de achá-lo rapidamente, e uma boa classificação facilitará essa operação.

Classificar, para além de outras possíveis acepções, em arquivos significa distribuir os componentes de um conjunto em estruturas hierárquicas cujas relações são guardadas entre si. A classificação parte das semelhanças e diferenças entre os elementos do conjunto (Pombo, 1988; Simões e Freitas, 2013).

Em que pese às aplicações e práticas diferenciadas de gestão de documentos em diferentes contextos administrativos, a classificação representa uma função primordial para a execução das demais ações empreendidas nos arquivos (Indolfo, 2013; Rodrigues, 2008; Sousa, 2004).

Então, a classificação é utilizada com o objetivo de agrupar os documentos resultantes de uma mesma ação ou ato administrativo como forma de agilizar sua recuperação e facilitar as tarefas arquivísticas relacionadas com a avaliação, seleção, eliminação, transferência, recolhimento e acesso a esses documentos.

A classificação dos documentos pode ser funcional ou estrutural. No primeiro caso, é elaborada a partir das funções e atividades desenvolvidas pela organização. É o que costuma ser o mais recomendado, uma vez que as funções e atividades possuem maior estabilidade ao longo do tempo e não sofrem transformações constantes. No segundo caso, é elaborada a partir da estrutura organizacional e suas unidades administrativas. É o menos aconselhável, já que estruturas administrativas podem sofrer alterações com alguma frequência, o que teria impacto direto na classificação dos documentos feita a partir de um molde estrutural.

Em qualquer dos casos a classificação deverá considerar, principalmente, os seguintes fatores:

- função a que o documento se refere – todas as funções, desdobradas em atividades, e estas, em atos administrativos que geram os documentos;
- estrutura do órgão que produz o documento – o documento reflete a relação orgânica da entidade quando agrupado;

- conteúdo do documento – a ação que gerou os documentos serve de base para o agrupamento dos mesmos na classificação funcional.

A partir da elaboração da estrutura do plano de classificação, deverá ser escolhido o método mais adequado às necessidades para a codificação dos níveis de classificação.

O instrumento técnico responsável por registrar a estrutura em todos os níveis de classificação é o plano ou código de classificação de documentos, como definido pelo Arquivo Nacional (2011:9):

> O código de classificação de documentos de arquivo é um instrumento de trabalho utilizado nos arquivos correntes para classificar todo e qualquer documento produzido e recebido por um órgão ou entidade no exercício de suas funções e atividades.

As atividades realizadas pelas organizações dividem-se em dois tipos:

1) atividades-fim ou substantivas – são as que identificam uma organização, ou seja, o objetivo pelo qual ela foi criada;
2) atividades-meio – são aquelas que servem de suporte à administração para a consecução dos objetivos finalísticos da instituição. São também conhecidas como atividades auxiliares, presentes em todas as organizações, identificadas como atividades de administração geral; por exemplo: gestão de pessoal (ou recursos humanos), administração financeira ou de patrimônio.

Pelo código de classificação de documentos, deve ser possível classificar todos os documentos de arquivo produzidos por uma organização, sejam os documentos produzidos pelas atividades finalísticas, sejam os produzidos pelas atividades-meio. Esse é um instrumento técnico essencial ao gerenciamento de arquivos correntes e intermediários, possibilitando a boa formação dos arquivos permanentes.

Conforme destaca Indolfo (2013:57), a classificação não pode ser dissociada da avaliação. Para a autora, "a vinculação entre a classificação e a avaliação é primordial para garantir o controle do ciclo de vida e dos fluxos documentais e o acesso às informações".

Avaliação de documentos

Sabe-se que todas as demais ações empreendidas nos arquivos dependem da classificação de documentos. A avaliação dos documentos é uma delas.

A avaliação é a função que permite armazenar apenas o que efetivamente interessa para prova ou para pesquisa, assim como é a avaliação que possibilita uma eliminação segura dos documentos que já não são mais necessários à administração. É a função que identifica os valores nos documentos de arquivo, conforme define Indolfo (2008:54):

> A avaliação é um processo de análise e seleção de documentos que visa estabelecer prazos de guarda e destinação final dos documentos, definindo quais documentos serão preservados para fins administrativos ou de pesquisa e em que momento poderão ser eliminados ou recolhidos ao arquivo permanente, segundo o valor e o potencial de uso que apresentam para a administração que os gerou e para a sociedade.

A partir da avaliação, é possível eliminar os documentos que já não mais possuem valor primário e administrar apenas o que foi determinado como de guarda permanente, o que significa um volume menor de documentos nos arquivos.

A avaliação consiste fundamentalmente em identificar valores e definir prazos de guarda para os documentos de arquivo, independentemente de seu suporte ser o papel, o filme, a fita magnética, o disquete, o disco ótico ou qualquer outro, ou seja, depois de classificar um documento de acordo com a ação que o gerou, será analisado o quanto esse documento é importante em seu setor ou para a organização como um todo. A partir disso, é definido quanto tempo o mesmo ficará no arquivo corrente, no intermediário e, finalmente, se, depois desse tempo, você irá eliminá-lo ou guardá-lo para sempre.

Entre os objetivos da avaliação, destacam-se:

- racionalizar o ciclo de vida dos documentos;
- garantir a manutenção do máximo de informações com o mínimo de documentos, permitindo maior eficiência e eficácia administrativa;
- redução de custos e otimização dos recursos humanos, materiais e financeiros para manutenção dos arquivos.

A avaliação deverá ser realizada por uma comissão permanente de avaliação de documentos, instituída formalmente e constituída por especialistas de diversas áreas de uma instituição, como arquivista, historiador, advogado, contador, entre outros julgados necessários para a correta identificação dos valores dos documentos, assim como dos prazos de guarda que deverão ser obedecidos para cada conjunto documental.

Todos os documentos produzidos por uma organização pública ou privada possuem o valor primário. O processo de avaliação, além de definir os prazos de guarda para todos os documentos, deverá identificar quais os documentos que possuem, além do valor primário, também o valor secundário.

O valor primário é relativo ao uso administrativo do documento, razão pela qual cada documento foi criado. Uma vez que todo documento é produzido para cumprir uma função específica, todo documento possui, inevitavelmente, valor primário. Cumprida a função para a qual foi gerado, o documento de arquivo pode ser guardado permanentemente em razão de possuir valor secundário ou poderá ser eliminado após um prazo definido, por já não atender a interesses outros da organização ou da sociedade.

O valor secundário presente em alguns documentos é definido a partir da identificação do valor de prova para a organização produtora ou valor informativo, por ter interesse de pesquisa para a sociedade.

Os prazos de guarda, assim como as destinações dos diferentes conjuntos documentais, devem ser definidos a partir da análise de diferentes atos normativos (leis, decretos, portarias, estatutos, regimentos, entre outros) e considerar também as necessidades de uso dos documentos para o setor que o produziu, para a instituição como um todo e para a sociedade.

Como produto do processo de avaliação, tem-se a tabela de temporalidade e destinação de documentos, documento no qual estão registrados todos os prazos de guarda e destinação definidos pela comissão permanente de avaliação de documentos durante o processo de avaliação. A etapa seguinte à avaliação é chamada seleção de documentos. Nela, os documentos são separados de acordo com os prazos e destinações registrados na tabela de temporalidade.

Destinação de documentos

As únicas possibilidades para a destinação são: eliminação ou o recolhimento para guarda permanente. A eliminação ocorre quando o documento já cumpriu a função específica para a qual foi criado (valor primário) e não possui valor secundário. O recolhimento, por sua vez, ocorre quando os documentos ainda possuem valor de prova ou para pesquisa. Estas são as últimas das atividades que compõem a gestão de documentos.

Eliminação

Eliminar documentos indevidamente é crime passível de punição conforme o Código Penal brasileiro. Elimina-se um documento quando ele não tem mais nenhum valor, ou seja, nem você nem mais ninguém irá precisar desse documento. Isso é definido no momento da classificação e da avaliação.

A eliminação implica a destruição de documentos que, no processo de avaliação, foram considerados sem valor para guarda permanente. O procedimento correto para a inutilização de documentos é a fragmentação manual ou mecânica do papel para reciclagem, e nunca a incineração (por conta do impacto no meio ambiente está prevista, na legislação ambiental, a proibição de incinerar papéis).

Recolhimento

A passagem dos documentos da fase corrente ou intermediária para a fase permanente é chamada de recolhimento. A partir do recolhimento, os documentos que compõem o arquivo permanente da organização serão objeto de outros procedimentos específicos, mais adequados aos arquivos permanentes, visando à sua preservação e acesso.

As três idades dos arquivos

A partir da avaliação, é identificado por quanto tempo cada documento deverá ser mantido no arquivo corrente ou no intermediário e quando será recolhido ao arquivo permanente (ou, no caso dos documentos destituídos de valor, conforme vimos anteriormente, quando poderão ser eliminados).

Esse modelo de separação dos arquivos a partir de seus prazos de guarda chama-se teoria das três idades – uma sequência de fases ou idades segundo a qual os documentos mudam de estágios de guarda e tratamento técnico. Todos os documentos passam obrigatoriamente pela fase corrente (fase na qual se dá sua criação), mas podem atravessar duas ou até três fases ou idades.

- *Arquivo corrente*. Também conhecido como de primeira idade ou arquivo ativo. São conjuntos de documentos estreitamente vinculados aos objetivos imediatos para os quais foram produzidos e que se conservam junto aos produtores em razão de sua vigência e frequência de uso. São muito usados pela administração.

- *Arquivo intermediário*. Também conhecido como arquivo de segunda idade ou semiativo. São documentos que aguardam, em depósito de armazenamento temporário, sua destinação final. Apresentam pequena frequência de uso pela administração.
- *Arquivo permanente*. Também conhecido como de terceira idade ou histórico. São os conjuntos documentais custodiados em caráter definitivo, em função de seu valor.

Atenção: é importante não confundir ciclo de vida dos documentos (produção, utilização e destinação) com as três idades dos arquivos. O ciclo de vida refere-se às fases por que passam os documentos e estes podem cumprir todas as fases ainda no arquivo corrente, por exemplo. Já a teoria das três idades refere-se às fases ou idades dos arquivos e é uma referência para gerenciamento dos arquivos de acordo com a frequência de uso dos documentos, assim como por seus valores primários e secundários que demandam necessidades específicas de processamento técnico e guarda física.

Alterações de suporte

Com alguma frequência, as organizações, sejam públicas ou privadas, optam por alterar o suporte de seus documentos, em geral motivadas pela necessidade de reduzir os custos de manutenção do grande volume de documentos armazenados, e muitas vezes sem adotar procedimentos adequados para a gestão de seus documentos. A opção pela alteração do suporte do documento pode ser, ainda, motivada por outros dois fatores, principalmente: facilitar o acesso, tornando-o mais rápido, e preservar o documento original (permitindo o acesso somente à cópia).

A utilização de recursos tecnológicos como estratégia de preservação para o acervo não digital permite preservar o estado físico dos documentos originais não digitais, evitando a destruição pela manipulação. Assim, os usuários terão possibilidade de acesso aos representantes digitais (documentos que foram produzidos por meio de digitalização – processo de conversão de um documento para o formato digital, por meio de dispositivo apropriado, como um escâner).

Outra opção mais conhecida (e antiga) para a alteração de suporte é a microfilmagem, "produção de imagens fotográficas de um documento em formato altamente reduzido" (Arquivo Nacional, 2005:120). Essa é uma alteração de suporte já regulamentada por legislação específica e que, se realizada de forma adequada, pode auxiliar na redução de espaço de armazenamento de documentos produzidos em papel, por exemplo, uma vez que a legislação permite, no caso de documentos públicos, eliminar o original quando o documento não possuir valor secundário.

A opção pela alteração de suporte é uma iniciativa que requer uma análise fundamentada da legislação e, sobretudo, da relação custo/benefício para sua implantação. Portanto, são destacados a seguir alguns pontos fundamentais que precisam ser observados antes de se optar pela mudança de suporte do documento.

1) É fundamental que haja aplicação de procedimentos e instrumentos técnicos de gestão de documentos, como classificação e avaliação, desde sua produção. Não é recomendável fazer a alteração de suporte de forma indiscriminada e sem análise criteriosa das vantagens e desvantagens.
2) É preciso analisar a legislação para que sejam mantidas a integridade e a validade jurídica desses documentos.
3) A relação custo/benefício precisa ser verificada tendo como base os custos com a manutenção em longo prazo desses suportes e também de equipamentos para acesso à informação.

Considerações finais

A gestão de documentos, por meio do controle dos documentos e da racionalização da produção e do fluxo documental, deve estar alinhada com a administração organizacional e adequar seus procedimentos às necessidades da instituição.

Embora sejam muitos os procedimentos que devem ser implantados para uma boa gestão de documentos, a adoção de instrumentos técnicos, como o código de classificação e a tabela de temporalidade e destinação de documentos, é fundamental para obter sucesso. Entretanto, é preciso ressaltar que são instrumentos dinâmicos e precisam ser revistos e atualizados com frequência para que não deixem de refletir a produção de documentos de uma organização.

Um dos maiores problemas nas organizações é a ausência quase completa de procedimentos que visem controlar os documentos desde o momento em que são produzidos. Assim, o acúmulo indiscriminado de documentos terá como consequência inevitável o aumento de custo para manutenção dos arquivos, assim como dificultará seu uso estratégico em uma organização.

A utilização de procedimentos próprios associada ao uso de recursos tecnológicos terá como consequência a melhoria dos serviços arquivísticos, assim como aumentará a eficiência e a eficácia da instituição, garantindo economia de recursos e promovendo melhor suporte nas decisões político-administrativas.

Referências

ARQUIVO NACIONAL. *Dicionário brasileiro de terminologia arquivística*. Rio de Janeiro: Arquivo Nacional, 2005.

_____. *Gestão de documentos*: curso de capacitação para os integrantes do Sistema de Gestão de Documentos de Arquivo – SIGA, da administração pública federal. Rio de Janeiro: Arquivo Nacional, 2011.

DELMAS, Bruno. *Arquivos para quê?*: textos escolhidos. São Paulo: Instituto Fernando Henrique Cardoso, 2010.

INDOLFO, Ana Celeste. *Uso das normas arquivísticas no Estado brasileiro*: uma análise do Poder Executivo Federal. Dissertação (mestrado em ciência da informação) – Instituto Brasileiro de Informação em Ciência e Tecnologia, UFRJ, Rio de Janeiro, 2008.

_____. *Dimensões político-arquivísticas da avaliação de documentos na administração pública federal (2004-2012)*. Tese (doutorado) – Instituto Brasileiro de Informação em Ciência e Tecnologia, UFRJ, Rio de Janeiro, 2013.

JARDIM, José Maria. Caminhos e perspectivas da gestão de documentos em cenários de transformações. *Acervo*, Rio de Janeiro, v. 28, n. 2, p. 19-50, jul./dez. 2015.

POMBO, Olga. Da classificação dos seres à classificação dos saberes. *Revista da Biblioteca Nacional de Lisboa*, n. 2, p. 19-33, 1988.

RHOADS, James B. *La función de la gestión de documentos y archivos en los sistemas nacionales de información*: un estudio del Ramp. Paris: Unesco, 1989.

RODRIGUES, Ana Célia. *Diplomática contemporânea como fundamento metodológico para identificação da tipologia documental em arquivos*. Tese (doutorado em história social) – USP, São Paulo, 2008.

SIMÕES, Maria da Graça; FREITAS, Maria Cristina Vieira de. A classificação em arquivos e bibliotecas à luz da teoria da classificação. *Ponto de Acesso*, v. 7, n. 1, 2013.

SOUSA, Renato Tarciso. Os princípios arquivísticos e o conceito de classificação. In: RODRIGUES, Georgete M.; LOPES, Ilza L. (Org.). *Organização e representação do conhecimento na perspectiva da ciência da informação*. Brasília: Thesaurus, 2003. v. 2, p. 240-269.

_____. *Classificação em arquivística*: trajetória e apropriação de um conceito. Tese (doutorado em história) – Faculdade de Filosofia, Letras e Ciências Humanas, USP, São Paulo, 2004.

4

Arquivos permanentes: aspectos iniciais de sua organização

Thiago Henrique Bragato Barros

Introdução

Os arquivos permanentes foram, desde o século XVIII, fundamentais para o desenvolvimento das histórias nacionais. Foi por intermédio deles que a teoria arquivística originou-se. Busca-se, neste capítulo, apresentar os princípios, conceitos e reflexões acerca dos fundamentos arquivísticos relacionados aos arquivos permanentes, especialmente em relação ao seu tratamento, natureza, importância e atuação.

Os arquivos permanentes deveriam, na realidade brasileira, estar no centro da atuação e pesquisa da arquivologia; no entanto, devido aos problemas relacionados à falta de recursos, pessoal, sensibilidade do gestor público, encontram-se, na maioria dos estados nacionais, relegados a segundo plano e em condições pouco favoráveis ao seu tratamento e organização, ainda que sejam desenvolvidas pesquisas relacionadas a sua temática. Isso, porém, não diminui o papel e a importância desses acervos. É preciso evidenciá-los, dar-lhes transparência e tratá-los.

Algumas funções e atividades são típicas e fundamentais no contexto dos arquivos permanentes. São elas: descrição, acesso e difusão. Buscaremos delimitar e demarcar essas funções e a matricial de toda a arquivologia: a classificação. Demonstramos a relação entre as funções no esquema a seguir.

Figura 1
Processo e relação entre as funções arquivísticas no contexto dos arquivos permanentes

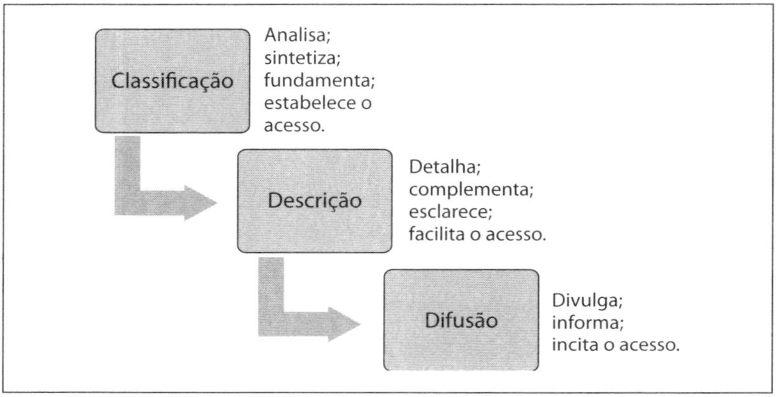

Fonte: elaboração do autor.

Observando a figura, é possível perceber que a classificação é a mais importante função arquivística e tem impacto em todas as fases do ciclo documental, especialmente no contexto dos arquivos permanentes. É fundamental salientar que não existe um sistema de classificação natural; todos os sistemas, inclusive aqueles que se predispõem como naturais, foram estabelecidos pela percepção e pela compreensão humanas, ou seja, não existe um sistema de classificação *a priori*; todas as classificações são fruto de um percurso construído socialmente, debatido e refutado nas esferas institucionais que se relacionam, quer sejam estruturais, funcionais, por assunto ou codificadas (Barros e Moraes, 2013).

Dito isso, o trabalho desenvolvido no contexto da classificação terá impactos em todas as atividades posteriores justamente por ser a base do processo. Neste capítulo, aborda-se a temática de forma panorâmica, buscando esclarecer suas principais caraterísticas e procedimentos, com o objetivo de propor uma reflexão inicial aos discentes de um curso de arquivologia a respeito da temática, em disciplinas que visem demarcar o campo de atuação de nossa área.

Arquivos permanentes: antecedentes históricos

A história da arquivologia está muito ligada ao aparecimento dos arquivos institucionalizados. Pode-se afirmar que já existiam práticas arquivísticas antes da institucionalização propriamente dita, porém é precipitado dizer que a mesma já existia antes da Revolução Francesa, pois é a partir desta que se criam os arquivos nacionais e a arquivologia começa a ser pensada. E é num universo de documentos do Antigo Regime (anteriores à revolução e de guarda perpétua) que essa teoria será elaborada.

Assim, é evidente, como apontam Silva (1999) e outros autores que se preocuparam em buscar a historiografia dos arquivos, que existiam arquivos nas civilizações antigas, desde o aparecimento da escrita, mas a teoria de sua organização – ou seja, seus princípios técnicos – provavelmente não se configurava como a atual.

É possível dividir a teoria da arquivologia em dois momentos bem marcados: o primeiro perpassa séculos de história, a ascensão e queda de civilizações anteriores ao desenvolvimento dos princípios da proveniência e ordem original. No segundo momento, temos a criação da arquivologia em si, ou seja, a formulação dos manuais ao longo dos séculos XVII e XIX, a arquivologia enquanto uma prática com bases técnico-científicas. A arquivologia, como outras tantas disciplinas, é, sem dúvida, fruto da complexidade da vida moderna.

A Revolução Francesa foi parte de uma mudança profunda na sociedade ocidental, visto que o antigo regime colonial e monárquico foi sendo substituído, a partir do aparecimento de movimentos que buscavam autonomia. Podem-se citar, como exemplos, a independência dos Estados Unidos (1776-1783), a da Irlanda (1782-1784), a da Bélgica (1787-1790) e a da Holanda (1783-1787).

A Revolução Francesa provocou alterações em toda a estrutura social do Ocidente. Com isso, modificou as relações entre as classes sociais e as instituições. Os arquivos, obviamente, não ficaram fora desse cenário. "A Revolução Francesa é, assim, *a* revolução de seu tempo e não apenas uma revolução, embora a mais proeminente de sua espécie" (Hobsbawm, 2008:13).

É evidente que existem princípios técnicos anteriores à Revolução Francesa. Uma das obras mais citadas desse período e considerada por muitos autores o primeiro livro de arquivística é *De re diplomatica libri VI*, de Jean Mabillon, publicada em 1681. Trata-se de um tratado que utiliza os métodos da diplomática para identificar a veracidade de documentos medievais.

Já no século XIX, em 1841, devido aos problemas causados pela pluralidade de fundos contidos nos arquivos nacionais da França, em grande parte pela centralização dos arquivos, Natalis de Wailly, chefe da seção administrativa dos Arquivos Departamentais do Ministério do Interior e diretor da École des Chartes, promulga o princípio de respeito aos fundos, buscando rearranjar os documentos da administração francesa.

O "caos" devido à centralização dos arquivos é comentado por Duchein (1986). Misturavam-se documentos do Tesouro, arquivos do Parlamento de Paris, das abadias e conventos, dos ministérios do governo real e ainda das novas assembleias e administrações criadas pela Revolução Francesa.

Esse princípio é promulgado anos depois da queda do Império francês, que levou à extinção de vários órgãos criados por Napoleão e que, por conta do domínio de uma série de países europeus, ocasionou uma produção maior de documentos.

Tal mudança de cenário – a ascensão e queda do Império francês – influenciou uma série de países envolvidos nos primeiros momentos da arquivologia, já que foram conquistados por Napoleão em suas campanhas, com mudanças nas estruturas política e administrativa.

O princípio de respeito aos fundos busca sanar o problema gerado pela centralização dos arquivos, em sua maioria medievais e de difícil leitura; portanto, estamos falando de arquivos permanentes.

Todas essas ações buscam parâmetros técnicos para a organização dos arquivos, provocadas por uma mudança estrutural nos aparelhos de poder.

O *Manual holandês* inaugura uma arquivologia técnica, sintetizando uma confluência de enunciados postulados anteriormente. Sua importância é consenso na área, influenciando arquivistas canadenses, brasileiros, espanhóis, portugueses etc.

Como apontam Horsman, Ketelaar e Thomassen (2003:249, trad. nossa), em seu artigo publicado por ocasião do centenário do *Manual holandês*, "o *Manual de arranjo e descrição de arquivos* (1898) é geralmente referenciado como o ponto inicial da teoria arquivística e de sua metodologia". Os autores observam ainda que, "durante o século XVIII, a administração holandesa começou a considerar os arquivos uma fonte de conhecimento da história de suas cidades e dos atos heroicos de seus antepassados".

Essa mudança de cenário provocou a evolução da arquivologia. No início do século XIX, começaram a ser aplicados métodos da diplomática para o arranjo e descrição nos arquivos medievais, servindo de subsídios para traçar o percurso histórico holandês.

Num momento posterior, na segunda metade do século XIX, é perceptível a aproximação dos arquivistas holandeses com as ideias já mais modernas da École des Chartes.

Terry Cook (1997:21, trad. nossa), em trabalho sobre os fundamentos históricos da arquivística, faz a seguinte avaliação a respeito do *Manual dos arquivistas holandeses*:

> Muller, Feith e Fruin produziram seu manual para a Associação de Arquivistas Holandeses em cooperação com o Arquivo Nacional e o Ministério do Interior. Cada uma das cem regras no manual fora formalmente discutida pela sociedade durante os anos de 1890. Típico dos trabalhos feitos por comitês, é escrito com muito cuidado e com uma série de exemplos. Mesmo em relação a regras, é perceptível esse aprofundamento. O manual também reflete as ideias de Muller tomadas da teoria francesa, devido a seus estudos na École des Chartes e do conceito alemão de proveniência, utilizado em uma série de arquivos da Holanda.

Os princípios como o da proveniência, por exemplo, já existiam na prática desde Natalis de Wailly, mas com esse manual ganham explicações técnicas. A contribuição do mesmo foi articular os mais importantes princípios (regras) relacionados à natureza e ao tratamento dos arquivos.

A publicação do manual e sua posterior tradução para o alemão (1905), o italiano (1908) e o francês (1910) levaram à reflexão sobre os conceitos promulgados pelos holandeses. Devido a essa reflexão, chegou-se à definição da proveniência como um conceito intelectual, fenômeno só possível a partir desse contexto.

Cook (1997:21, trad. nossa) discorre a esse respeito da seguinte maneira:

> A contribuição-chave dos autores holandeses foi articular os princípios mais importantes (ou regras), preocupando-se com a natureza e o tratamento dos arquivos. O trio sustentava em sua primeira regra – que para eles era "o fundamento sobre o qual se erguerá todo o resto" – que os arquivos são "o conjunto de documentos escritos, desenhos e materiais impressos, recebidos ou produzidos oficialmente por determinado órgão administrativo ou por um de seus funcionários". As regras 8 e 16 enunciavam os dois pilares da teoria clássica da arquivística: arquivos assim definidos "devem ser separados com cuidado" e não misturados com arquivos de outros órgãos ou colocados em arranjos artificiais baseados em cronologia, geografia ou assunto; e o arranjo de tais arquivos "deve ser baseado na organização original da coleção arquivística, que corresponde principalmente à organização administrativa que a produziu".

A maneira pela qual os autores holandeses compreendiam os arquivos e sua estrutura organizacional estava relacionada com uma administração bastante estável e um arquivo caracterizado predominantemente como permanente, cenário comum nos arquivos ao longo do século XIX nos países europeus.

O mérito desse livro é, sem dúvida, não só aglutinar os dois séculos iniciais da disciplina arquivística, mas estabelecer de maneira agrupada e coordenada princípios e diretrizes, já que esse manual inicia uma serie de ações, na Europa, que levam ao desenvolvimento dos conceitos e métodos arquivísticos.

Assim, a partir desse marco teórico-histórico, dois princípios são fundamentais para o tratamento de arquivos permanentes. São eles: (1) proveniência, (2) ordem original e duas funções: (a) classificação/arranjo e (b) descrição. Vamos discorrer a respeito dessas funções e dos princípios na seção a seguir, relacionando-os com a mais recente função: a difusão.

Os princípios e as funções nos arquivos permanentes

O princípio da proveniência é o carro-chefe da organização arquivística, e todas as funções, em maior ou menor grau, dependem dele e de seus desdobramentos. Isso, como destacado na seção anterior, é parte do desenvolvimento da teoria arquivística. Gilliland-Swetland (2000) observa que o princípio da proveniência tem dois componentes: (1) documentos originados de um mesmo órgão produtor não deverão ser misturados com documentos de outros órgãos produtores e (2) o arquivista deve manter a ordem original em que os documentos foram criados e custodiados.

Assim, de acordo com esses princípios toda a organização dos arquivos permanentes deve, acima de tudo, buscar manter o conjunto documental *agrupado*, já que parte de duas premissas organizacionais: (1) hierárquica e (2) contextual.

A proveniência propõe que a significância dos documentos de arquivos ocorre, independentemente de seu contexto de criação, na sua significação em conjunto. Assim acontece com as ações tomadas a partir da classificação e descrição, com ligação direta com o propósito dos documentos e sua função organizacional.

A decomposição do processo organizacional arquivístico ocorre a partir da classificação, a função matricial da arquivística (Sousa, 2003) – limite do processo de gestão, organização e representação no contexto dos arquivos.

Metodologia básica para a gestão e organização dos arquivos, a análise funcional – iniciada nos anos 1940, sistematizada de forma mais "completa" em Schellenberg (2006) e revista e atualizada por autores como Helen Willa Samuels, Terry Cook, Catherine Bailey, entre outros – é imprescindível para a compreensão do contexto de produção documental no âmbito dos arquivos permanentes.

A classificação é, portanto, o processo de organização e gestão dos documentos, identificando ou agrupando conjuntos documentais produzidos por uma fonte comum, com características comuns e arquivamento similar, dispondo de forma hierárquica e sumarizada as relações entre os documentos e seus produtores. Ficam claras, portanto, a implicação fundamental do princípio da proveniência no contexto dos arquivos permanentes e sua cristalização nos planos de classificação, bem como sua amplitude nos instrumentos de pesquisa e difusão de acervo. Esse princípio decompõe as relações contextuais e funcionais no formato de um esquema de classificação, dando o pontapé inicial para a descrição que busca evidenciar uma complexa rede de relações entre os documentos e a instituição que os produziu.

Classificar significa decompor hierarquicamente um conjunto documental com base nas características semelhantes e diferentes de cada uma das partes. Dessa forma, a classificação arquivística pode ser conceituada como o processo de organizar um dado acervo em classes e subclasses, conforme as características dos documentos, envolvendo tanto seus elementos formais, como o suporte, quanto os relativos ao conteúdo; procura organizar um objeto que não pode ser compreendido completamente a partir de suas unidades, mas sim em conjuntos maiores. Na prática, isso se reflete no fato de os documentos só terem realmente sentido quando relacionados a outros, seja no âmbito dos arquivos correntes e intermediários ou no dos arquivos permanentes.

Tendo em conta a proveniência, são perceptíveis os outros princípios arquivísticos no processo de classificação. Classificar respeitando a proveniência fará com que a classificação reflita as relações contextuais e organicidade do acervo. Além disso, dispor os documentos em classes também torna evidente sua indivisibilidade, ou seja, demonstra que os documentos desse arquivo devem seguir a classificação estabelecida, pois há o risco de, caso isso não aconteça, perderem-se materiais importantes para o uso corrente ou para pesquisas (no caso dos arquivos permanentes), o que também destaca a unicidade dos documentos de arquivo.

Por outro lado, o princípio de ordem original preserva características e relacionamentos da história custodial e evidencia a significância que pode ser inferida do contexto documental, ou seja, a forma pela qual o órgão produtor organiza seus documentos é reflexo de seu entendimento e da importância dada a determinados documentos em detrimento de outros – um exemplo é a organização dada pelos militares aos arquivos produzidos durante a ditadura civil-militar. Contudo, preservar a ordem original não significa manter a ordem em que os documentos foram recebidos; significa buscar compreender a lógica interna e sua relação de conjunto. O princípio da ordem original não se estende ao respeito ao caos original (SAA, 2019) – problema recorrente nas ambiências dos arquivos permanentes, especialmente na realidade brasileira.

Portanto, o respeito à ordem original significa relacionar os documentos com suas atividades. Essa ordem deve ser mantida não apenas na sua gestão, mas também na preservação e nos arquivos permanentes. Isso garantirá as pesquisas, o acesso e a transparência no futuro. Em síntese, esse princípio decompõe as relações contextuais e funcionais no formato de um esquema de classificação, sendo o ponto de partida para a descrição que busca evidenciar uma complexa rede de relações entre os documentos e a instituição que os produziu. A figura 2 esclarece essa relação entre princípios e funções arquivísticas.

Uma análise da literatura arquivística internacional – que, desde o fim do século XVIII, direta ou indiretamente aborda a classificação e a descrição arquivística como uma atividade técnica básica da organização dos arquivos – revela que o debate sobre esses conceitos enquanto fundamentos metodológicos não esteve presente até 1980 e suas conceituações só foram cunhadas na década de 1970.

Figura 2
Relação entre os princípios e as funções arquivísticas

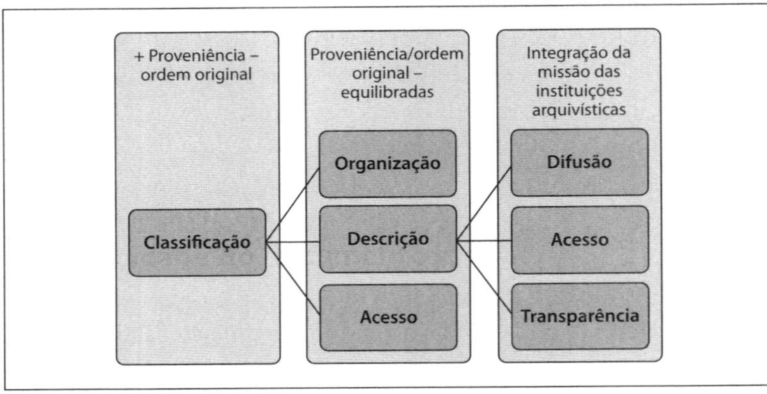

Fonte: elaboração do autor.

É importante destacar que a arquivologia desenvolveu, a partir dos anos 1970, um arcabouço conceitual minimante constituído, e só então vemos o surgimento de metodologias, inclusive para os arquivos permanentes.

Algumas premissas são fundamentais no tocante à descrição arquivística. São elas: (1) a criação de substitutos para os documentos e preservação de fundos que servem à memória perpétua da sociedade; (2) o fornecimento de prova da existência dos documentos; (3) um guia de pesquisa para revelar a ordem intelectual de documentos fisicamente desordenados ou sem sentido; (4) auxílio ao arquivista na condução de pesquisas, guiando qualquer tipo de usuário independentemente de sua busca, iluminando as relações contextuais entre os documentos.

A descrição é um processo no qual o arquivista analisa aspectos físicos e do conteúdo dos documentos e os contextualiza no conjunto documental em relação às suas funções e ligações com outros documentos do mesmo acervo ou de outros fundos documentais, criando representações para as informações extraídas dessa análise (Lopes, 2013).

Segundo Herrera (1991:301), a descrição deve ser:

- exata – visto que os documentos não são algo impreciso, mas testemunhos únicos e concretos;

- suficiente – para a unidade que se está informando (arquivo, fundo, séries ou documento), sem oferecer mais do que o necessário, por excesso ou por defeito;
- oportuna – uma vez que há de refletir uma programação que marque uma hierarquia da informação.

A descrição envolve um complexo processo entre as relações hierárquicas e uma análise das relações orgânicas dos documentos no contexto de sua proveniência. Começando pela descrição do todo e suas partes e subpartes, terminando, mas não necessariamente, com a descrição dos itens documentais. Tem-se por fundamento a estrutura intelectual e o contexto e conteúdo documental, em vez de suas características físicas. Ao longo do processo de consolidação da descrição, três instrumentos podem ser destacados: (1) os guias, (2) os inventários e (3) os catálogos.

Esses instrumentos estarão presentes em maior ou menor grau em toda a história do desenvolvimento da descrição, porém foi nos anos 1980 que ela começou a ganhar um corpo de princípios e fundamentos que tem seu ápice na criação de normas a partir do início da década de 1990. Tais normas foram promulgadas nos anos 1990-2000 e passaram a ser um dos principais meios de acesso aos arquivos, seja em âmbito analógico ou digital, especialmente nos países que não possuíam inciativas nacionais de normalização.

Uma das mais difundidas normas de descrição, a Isad (G), estabelece:

> A descrição arquivística no sentido mais amplo do termo abrange todo elemento de informação, não importando em que estágio de gestão ele é identificado ou estabelecido. Em qualquer estágio, a informação sobre os documentos permanece dinâmica e pode ser submetida a alterações à luz de maior conhecimento de seu conteúdo ou do contexto de sua criação [Conselho Internacional de Arquivos, 2000:1].

Todo esse processo leva finalmente à adoção de uma norma internacional e sua respectiva versão brasileira, como sinalizam as principais normas elencadas no quadro 1.

Quadro 1

Principais normas internacionais de descrição arquivística

País	Ano	Norma
Estados Unidos	1983	Archives, Personal Papers and Manuscripts: a Cataloging Manual for Archival Repositories, Historical Societies and Manuscript Libraries (APPM)
Reino Unido	1986	*Manual for Archival Descpriton* (MAD)
Canadá	1990	Rules for Archival Description (RAD)
Internacional	2000	Norma Internacional de Descrição Arquivística – Geral (Isad (G))
Brasil	2008	Norma Brasileira para Descrição Arquivística

Fonte: elaboração do autor.

Essas normas transformam-se em fundamentos básicos para o desenvolvimento de descrições confiáveis, levando, no final dos anos 2000, à criação de instrumentos de descrição em ambientes web, como o ICA-Atom (International Concil on Archives – Acess to Memory), sistema de código aberto bastante utilizado no Brasil devido a sua relação com as normas elaboradas pelo ICA.

A importância dessas ações pode ser percebida em Lopes (2013:299):

> Os arquivistas ganharam, com estas normas, um importante instrumento para o seu trabalho. Não precisam mais optar entre as variáveis idiomáticas. Agora, dispõem de regras internacionais, tal como os bibliotecários, os médicos, os biólogos. O avanço das normalizações, quiçá em outras áreas, contribuirá para quem deseja uma arquivística teórica e prática, uma ciência social aplicada, como qualquer outra.

Alguns dos principais aspectos são compartilhados entre todas as normas. São eles: (1) descrição do geral para o particular (na relação todo/parte); (2) descrições multiníveis (ainda que exista diferença entre um dispositivo e outro no que se refere à quantidade de níveis); (3) a relação entre as descrições e seus níveis; (4) a não repetição de informações descritas em níveis superiores, mas buscando a descrição exaustiva dos níveis.

Já a difusão mais recente desse conjunto de funções arquivísticas é daquelas situações bastante curiosas na realidade brasileira: proliferam as pesquisas, os artigos, os eventos, mas os casos de sucesso são escassos, justamente por toda a complexidade da situação dos arquivos públicos nacionais.

A difusão, desde a tradução para o português do livro *Os fundamentos da disciplina arquivística*, de Jean-Yves Rousseau e Carol Couture, tem figurado entre as funções arquivísticas na literatura brasileira, nos cursos de graduação e nas pesquisas. Quando se fala em difusão, pensa-se em três frentes: (1) educação patrimonial e seus desdobramentos culturais e editoriais; (2) marketing aplicado a arquivos; (3) estudos de usuários. São questões fundamentais, mas tradicionalmente pouco trabalhadas na realidade arquivística, como visto ao longo deste capítulo.

A difusão, então, significa, acima de tudo, ações que visam justamente a isto: divulgar, comunicar, tornar público etc. o acervo dos arquivos públicos. A difusão busca aproximar as instituições arquivísticas públicas das sociedades que produziram os documentos, mediante tecnologias de comunicação e informação, editoração, marketing etc.

Estabelecidas essas balizas teóricas em relação à trajetória dos arquivos permanentes na teoria arquivística, na seção a seguir buscaremos estabelecer a relação entre os princípios e as funções.

Os produtos do processo de organização dos arquivos permanentes: planos de classificação, instrumentos de pesquisa e a difusão

Todos os processos de organização arquivística geram produtos, e isso vale para todas as funções e seus desdobramentos. É importante destacar que esses processos e seus produtos não são um fim em si mesmos, quer dizer, ainda que a partir do estudo do órgão produtor dos documentos se produza um plano de classificação, o plano de classificação não é um fim em si mesmo. Os processos, como destacamos neste texto, são contínuos, complementares e indissociáveis, como sinalizado na figura 3.

Figura 3

Ciclo de elaboração, desenvolvimento e aplicação das funções arquivísticas

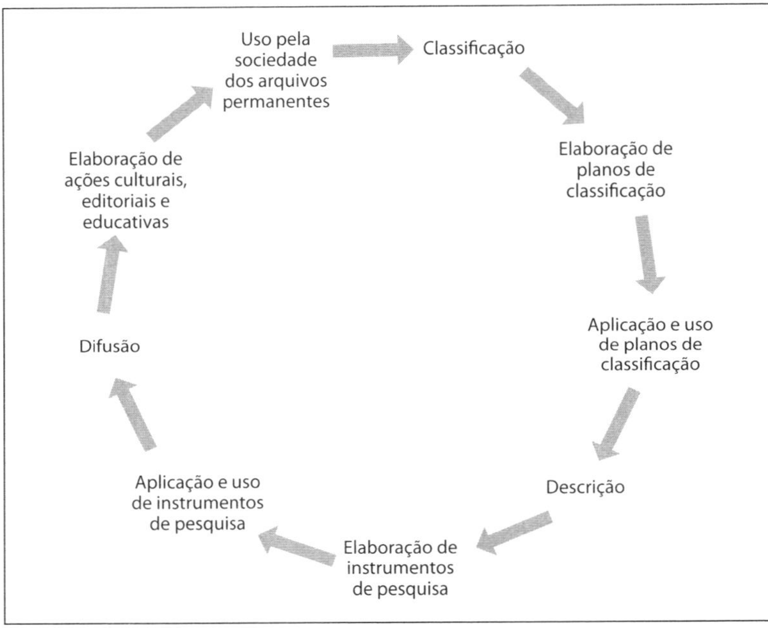

Fonte: elaboração do autor.

Ainda que em todas as fases desse longo processo existam interferências e problemas logísticos, o trabalho arquivístico, do ponto de vista de sua missão, visa ao acesso. Isso não significa que os documentos permanentes só são passíveis de consulta ao final do processo de descrição ou mesmo de ações de difusão: o acesso deve ser sempre dado, ainda que de forma preliminar, já que o próprio plano de classificação é, ao mesmo tempo, um instrumento de gestão e pesquisa. As atividades posteriores, da perspectiva do processamento técnico, refinam e facilitam ainda mais a pesquisa e o acesso aos documentos.

Dito isso, cabe sinalizar que os planos de classificação visam à racionalização da produção documental, o estudo do órgão produtor de documentos e a construção de um esquema de classificação hierárquica como reflexo desse estudo.

Já os instrumentos de pesquisa visam à análise e à síntese dos agrupamentos documentais, do mais abrangente para o mais específico, buscando refletir as relações entre a proveniência externa (aquela dos órgãos para os documentos) e a interna (dos conjuntos para os documentos), em alguns casos substituindo o acesso ao original; em outros, especialmente na atualidade, funcionando com uma rede de informações contextuais e de conteúdo imbricada aos documentos permanentes digitalizados.

Por fim, a difusão faz uso de todo trabalho intelectual e técnico realizado na classificação e descrição, visando construir, em mídias impressas ou digitais, materiais que facilitem o acesso pela sociedade aos documentos públicos, bem como a compreensão e o conhecimento dos usuários e dos usuários potenciais das instituições arquivísticas.

Assim, o processo de organização dos arquivos permanentes fundamenta-se no cumprimento da mais importante missão dos arquivos: servir a sociedade e dar acesso aos conjuntos documentais.

Considerações finais

Os arquivos permanentes representam o passado, o presente e o futuro da teoria arquivística. No passado, como destacamos, foi a partir de documentos com essas características que se desenvolveram as técnicas e o primeiro corpo de princípios. No presente, com o desenvolvimento de normas e regras em relação à forma e ao conteúdo que se aplicam especialmente a esses arquivos e, também, com a aplicação desses dispositivos em ambiente web, possibilitando o acesso remoto. No futuro, porque esses arquivos representam a memória perpétua da sociedade que os produziu, suas idiossincrasias, movimentos, descolamentos, conflitos, apagamentos, rupturas. Trata-se, enfim, de uma ampla gama de possiblidades de atuação.

Ao longo deste capítulo, buscou-se apresentar aspectos norteadores e fundamentais desses acervos, especialmente em relação aos princípios primordiais, sua relação com as funções arquivísticas e o papel dessas funções nos arquivos permanentes.

Os arquivos devem ocupar uma posição de destaque na discussão da vida pública nos estados democráticos, especialmente naqueles, como é o caso brasileiro, que têm uma histórica tendência à exceção. É preciso lembrar, é preciso dar acesso a esses documentos e trazer os arquivos, por meio de ações de difusão, para o centro da discussão. Essa constatação aplica-se não só aos arquivos brasileiros, mas aos de todos os países democráticos que visam garantir direitos civis e liberdades individuais.

Cabe destacar, também, que nos últimos 20 anos viu-se um crescimento sem precedentes de pesquisas, formação em nível de graduação, pós-graduação e atuação dos arquivistas nos espaços públicos e privados.

Espera-se que a reflexão ora apresentada sirva como um ponto de partida para o conhecimento, pesquisa e atuação no universo dos arquivos permanentes.

Referências

BARROS, T. H. B. *Construção discursiva em arquivística*: uma análise do percurso histórico e conceitual da disciplina por meio dos conceitos de classificação e descrição. Dissertação (mestrado) – Faculdade de Filosofia e Ciências, Unesp, Marília, 2010.

_____. *A representação arquivística*: uma análise do discurso teórico e institucional a partir dos contextos espanhol, canadense e brasileiro. Tese (doutorado) – Faculdade de Filosofia e Ciências, Unesp, Marília, 2014.

_____. *Por uma teoria do discurso*: reconsiderações histórico-conceituais. In: _____. *Uma trajetória da arquivística a partir da análise do discurso*: inflexões histórico-conceituais. São Paulo: Ed. Unesp; Cultura Acadêmica, 2015. p. 27-71. Disponível em: <http://books.scielo.org/id/r6q5k/pdf/barros-9788579836619-03.pdf>. Acesso em: 27 jun. 2017.

_____; MORAES, J. B. E. de. Da classificação biológica à classificação digital: perspectivas de renovação em classificação arquivística. *Revista Ágora*, Florianópolis, v. 23, n. 46, p. 58-84, jun. 2013.

CONSELHO INTERNACIONAL DE ARQUIVOS. *Isad(G):* norma internacional de descrição arquivística. 2. ed. Rio de Janeiro: Arquivo Nacional, 2000. (Publicações técnicas, n. 49). Disponível em: <www.conarq.arquivonacional.gov.br/images/publicacoes_textos/is ad_g_2001.pdf>. Acesso em: 4 abr. 2019.

COOK, Terry. What is past is prologue: a history of archival ideas since 1898, and the future paradigm shift. *Archivaria*, n. 43, p. 18-63, primavera 1997.

DUCHEIN, Michel. O respeito aos fundos em arquivística: princípios teóricos e problemas práticos. *Arquivo & Administração*, Rio de Janeiro, v. 10-14, n. 1, p. 14-33, abr. 1982/ago. 1986.

GILLILAND-SWETLAND, Anne J. *Enduring paradigm, new opportunities*: the value of the archival perspective in the digital environment. Arlington, VA: CLIR, 2000.

GUERCIO, Maria. Principles, methods, and instruments for the creation, preservation, and use of archival records in the digital environment. *American Archivist*, v. 64, n. 2, p. 238-269, outono/inverno 2001.

HERRERA, Antonia Heredia. *Archivistica general*: teoría y práctica. 5. ed. Sevilha: Diputación de Sevilla, 1991.

HOBSBAWM, E. J. *A Revolução Francesa*. São Paulo: Paz e Terra, 2008.

HORSMAN, P.; KETELAAR, E; THOMASSEN, T. New respect for the old order: the context of the dutch manual. *American Archivist*, v. 66, n. 2, p. 249-270, inverno/primavera 2003.

INTERNATIONAL COUNCIL ON ARCHIVES. *Isad(G)*: General International Standard Archival Description. 2. ed. Ottawa: ICA, 2000.

LOPES, Luís Carlos. *A nova arquivística na modernização administrativa*. 3. ed. Brasília: Annabel Lee, 2013.

PEARCE-MOSES, Richard. *A glossary of archival and records terminology*. Chicago: The Society of American Archivists, 2005. Disponível em: <www.archivists.org/glossary/index.asp>. Acesso em: 10 mar. 2019.

RODRIGUES, G. M.; LOPES, I. L. (Org.). *Organização e representação do conhecimento*. Brasília: Thesaurus, 2003 p. 240-269.

ROUSSEAU, Jean-Yves; COUTURE, Carol. *Os fundamentos da disciplina arquivística*. Salamanca: Dom Quixote, 1998.

SCHELLENBERG, T. R. *Arquivos modernos*: princípios e técnicas. 6. ed. Rio de Janeiro: FGV Ed., 2006.

SILVA, A. M. da et al. *Arquivística*: teoria e prática de uma ciência da informação. Porto: Afrontamento, 1999.

SOCIETY OF AMERICAN ARCHIVISTS (SAA). *A glossary of archival and records terminology*. Chicago: SAA, 2019. Disponível em: <www2.archivists.org/glossary>. Acesso: 21 nov. 2019.

SOUSA, R. T. B. Os princípios arquivísticos e o conceito de classificação. In: RODRIGUES, G. M.; LOPES, I. L. (Org.). *Organização e representação do conhecimento na perspectiva da ciência da informação*. Brasília: Thesaurus, 2003. v. 2, p. 240-269.

5

Por uma história da diplomática: dos diplomas ao documento digital

Natália Bolfarini Tognoli

Introdução

É ilusão pensar que os problemas concernentes à falsificação de documentos estão relacionados às novas tecnologias ou às novas formas de produção dos documentos contemporâneos. A história está repleta de exemplos de falsificação de documentos antes mesmo da invenção da imprensa, com ápice durante a Idade Média.

Nesse contexto, registra-se, no período, uma maior preocupação com a aplicação de normas para a confecção de documentos, emergindo, assim, um momento de grande importância para o espírito crítico, no qual a consciência da força de um documento escrito foi manifestada, dando origem às disciplinas e métodos que procuravam, por meio do exame dos documentos, estabelecer e assegurar sua autenticidade.

Destaca-se, aqui, a diplomática, cuja origem remonta ao século XVII, quando – em 1681 – Jean Mabillon publicou, na França, o primeiro tratado que estabelecia critérios específicos para a crítica textual. Com o passar dos anos, as formulações e os critérios propostos por Mabillon são refinados, dando origem a um método crítico para a análise dos documentos que fundamenta, ainda hoje, a crítica da autenticidade dos documentos contemporâneos.

A partir da década de 1980, com a emergência dos documentos digitais, as discussões sobre a aplicação do método diplomático ganham notoriedade nos estudos de Luciana Duranti, impactando sobremaneira a teoria e a prática não só da diplomática, mas também da arquivologia, que passa a compreender o método diplomático como *sine qua non* para a organização do conhecimento arquivístico.

Face ao exposto, propõe-se, neste capítulo, uma introdução histórica da diplomática a partir da apresentação das obras mais importantes para a constituição da área durante quase quatro séculos (XVII-XXI) de existência, identificando nelas aspectos convergentes e traços distintivos em relação ao método diplomático e ao objeto de estudo da área.

A diplomática clássica: de Daniel Papebroch a Jean Mabillon

É, seguramente, no século XVII que surgem as primeiras formulações críticas e teóricas sobre o exame dos documentos, notadamente na Alemanha e na França. Os constantes episódios de discussão sobre a autenticidade/falsidade de diplomas que comprovavam direitos de propriedade enriqueceram o período com obras sobre a crítica dos documentos. Esses casos ficaram conhecidos como guerras diplomáticas (*bella diplomatica*).[1]

Nesse período eram comuns as disputas de território entre as ordens religiosas, que recorriam aos antigos documentos para legitimar seus direitos. Por essa razão, as guerras diplomáticas desenvolveram-se com muito mais fervor nesse ambiente, onde ordens inteiras eram convidadas ao estudo crítico dos documentos preservados em seus arquivos. Sem dúvida, a guerra diplomática mais conhecida é a travada entre o jesuíta bolandista Daniel Papebroch (1628-1714) e o beneditino Jean Mabillon (1632-1707), com início em 1675.

---

[1] O termo *bella diplomatica* foi introduzido por Joahann Peter von Ludewig na obra *Reliquiae manuscriptorum*, de 1720, para designar as constantes "guerras" travadas entre o jesuíta Papebroch e o beneditino Mabillon, em razão da crítica dos documentos da ordem de Saint-Maur. Segundo Bresslau (1998:27), inicialmente se distinguia a *bella diplomatica litteraria* da *bella diplomatica forensia*. Posteriormente o termo passou a designar somente a segunda.

Em 1675, Papebroch declarou como falsos os diplomas merovíngios que se encontravam no mosteiro de Saint-Denis, na França, obrigando a ordem a se defender das acusações. Assim, em 1681, Jean Mabillon é o "escolhido" para contestar a obra de Papebroch, publicando o tratado *De re diplomatica libri VI*, dando o nome de diplomática à crítica científica dos documentos.

A obra de Mabillon fundou uma crítica dos documentos antigos, e logo foi acolhida não apenas na França, mas em outros países da Europa, como destacou Bresslau (1998:33, trad. nossa):

> Diante da obra de Mabillon, a diplomática – em um primeiro momento ainda unida à paleografia e, um século depois, separada desta – atingiu o nível de disciplina científica e, ao mesmo tempo, foi muito importante para afrontar questões de caráter prático-jurídico, suscitando por isso um grande interesse não apenas na França, mas também na Alemanha, na Itália e na Inglaterra.

Figura 1

Jean Mabillon e a primeira página de *De re diplomatica*

Fonte: Wikimedia Commons (2019).

O método diplomático proposto por Mabillon consistia em analisar as partes internas e externas do documento (seus elementos) inserido em uma série cronológica ou em um conjunto específico de documentos de determinada época ou lugar. Seus elementos eram confrontados e analisados com base em um contexto preestabelecido. Para tanto, Mabillon (1681) definiu-os como caracteres intrínsecos e extrínsecos, descrevendo os primeiros como o conteúdo do documento, abrangendo o estilo, o texto, os selos, a data e as assinaturas. Nesse método, o *texto* compreendia as seguintes partições: (1) invocação (*invocatio*); (2) inscrição e titulação (*inscriptio e titulis*); (3) precação (*imprecationes*); (4) selos (*sigilla*); (5) subscrições (*subscriptiones*); (6) datas (*nota chronologica*). Os caracteres extrínsecos compreendiam o material (*materia*) sobre o qual eram escritos os documentos (pergaminho, papiro, tábuas de argila, chumbo, pedras) e o meio usado para inserir as escrituras ou símbolos nesse material (tinta).

Para Bloch (2009:63, trad. nossa), "naquele ano – 1681, ano da publicação de *De re diplomatica*, na verdade uma grande data na história do espírito humano – a crítica dos documentos de arquivo foi definitivamente fundada". Ainda segundo o historiador, aquele foi um momento decisivo na história do método crítico. Historiadores e pesquisadores, que até então se contentavam com o "bom senso" para definir a autenticidade dos documentos, encontraram, na obra de Mabillon, regras objetivas, que se apoiavam, agora, na comparação e confronto entre documentos produzidos pela mesma pessoa ou em determinada época.

As formulações de Mabillon apresentam-se, portanto, como um método histórico, analítico-comparativo, uma vez que interpretam o documento inserido em uma série cronológica ou em um conjunto específico de diplomas de determinada época ou lugar, que serão confrontados e analisados com base nesse contexto preestabelecido.

O período de desenvolvimento da arte crítica dos diplomas, com a promulgação do tratado de Mabillon e daqueles que o seguiram até o século XVIII, ficou conhecido como diplomática clássica.

A diplomática moderna: contribuições de Theodor Sickel e Julius Ficker

Revoluções sociais, políticas e econômicas marcaram um segundo capítulo na história da diplomática. As obras escritas no século XIX constituíram uma nova disciplina, cuja preocupação deslocava-se do conteúdo prático-jurídico dos documentos para alcançar uma posição privilegiada nos estudos históricos.

A abertura e a disponibilização dos documentos fortaleceram sobretudo a relação da história com as ciências auxiliares, principalmente com a diplomática, que, naquele momento, perdia sua importância para a vida prático-jurídica, tornando-se uma ciência cada vez mais teórica, a serviço dos estudos históricos (Bresslau, 1998).

Nesse contexto, merecem destaque os historiadores Theodor von Sickel – considerado o pai da diplomática moderna – e Julius Ficker, ambos professores e pesquisadores vinculados ao Institut für Österreichische Geschichtsforschung (IÖG), escola criada em 1854 com o objetivo de estudar a história austríaca e que logo se transformou em um centro de referência para os estudos da diplomática.

Uma das obras mais citadas de Sickel, *Acta regum er imperatorum Karolinorum digesta et enarrata*, publicada em 1867, define um importante momento na história do método da diplomática, principalmente no que tange à partição do diploma para sua análise crítica. Para escrever sua obra e promulgar um novo método de análise, Sickel reuniu poucos diplomas de um período restrito, de 751 a 840, aplicando, entre eles, o confronto de escrituras, que, quando

> aplicado aos documentos tidos como supostos originais, permite [...] reconhecer a mão ou as mãos que participaram de sua compilação, demonstrando sua originalidade; aplicado às cópias com o confronto do estilo do ditado, demonstra sua autenticidade [Schiaparelli, 1909:9, trad. nossa].

Ao aplicar a crítica diplomática a um número restrito de documentos específicos – régios carolíngios –, Sickel é considerado, ainda, o pai da diplomática especial.

O autor foi o primeiro a dividir o documento em *texto* e *protocolo*, partição e nomenclaturas até então inexistentes na análise diplomática e que, após seus estudos, são consideradas partes principais de qualquer documento diplomático. "Eu chamo texto a parte central do documento, e formulário ou protocolo o conjunto de fórmulas iniciais e finais. Texto e protocolos são, portanto, os caracteres intrínsecos dos documentos" (Sickel, 1867:107, trad. nossa).

É de Sickel, também, a definição de documento diplomático, entendido como "o testemunho escrito, redigido segundo uma forma determinada – variável com relação ao lugar, à época, à pessoa, ao negócio, sobre fatos de natureza jurídica" (1867:2, trad. nossa).

Ao definir o objeto de estudo da diplomática, o autor estabeleceu que apenas aqueles documentos escritos segundo formas determinadas e de natureza jurídica podiam ser submetidos à análise do método diplomático. As definições apresentadas influenciaram tão substancialmente a literatura europeia sobre a diplomática que, ainda hoje, o termo *Urkunde*[2] é indicado para definir o documento objeto da diplomática, sem nunca ter sido questionada sua validade no contexto atual.

O quadro 1 apresenta os elementos internos da estrutura do documento diplomático, propostos por Sickel (1867).

Quadro 1

Método diplomático de Sickel

Protocolo inicial	1) Invocação (*Die Invocation*) 2) Nome e título (*Name und Titel*)
Texto	***Introdução*** 1) Nome, títulos e predicados do destinatário (*Inscription/adress*) 2) Preâmbulo (*Arenga*) 3) Notificação (*Promulgatio*) 4) Exposição (*Narratio*) 5) Dispositivo (*Dispositio*) 6) Forma de corroboração (*Corroborationsformeln*) 7) Anúncio dos sinais de validação (*Die Ankündigung des Siegels*)
Protocolo final	3) Assinatura (*Unterschrift*) 4) Datas (*Datierung*) 5) Precação (*die Apprecation*)

Fonte: elaborado com base em Tognoli (2014).

[2] *"Urkunden ist eine Schriftliche, in entsprechende Form gekleidete Erklärung über Gegenstande oder Vorgänge rechtlicher Natur"* (Sickel, 1867:2).

Além do texto e dos protocolos, o estilo e a língua também são considerados por Sickel elementos internos dos diplomas. Os elementos externos são os materiais utilizados para escrever o documento, o tipo da escritura, as abreviaturas, os selos e comentários no dorso do documento.

Se a diplomática deve a Sickel a introdução de nomenclaturas-chave para a análise crítica do documento, a Julius Ficker (1826-1902) deve-se a distinção entre o momento da ação (*actio*) e o momento da criação do documento (*conscriptio*). Contemporâneo a Sickel, Ficker, que estudava a história do direito e das instituições com base nas fontes documentais, via a diplomática como uma disciplina a serviço do historiador.

Ao estudar os documentos, Ficker deparou-se com várias contradições entre a data de criação do negócio jurídico (*actum*) e a data de sua redação (*datum*), o que o levou à criação de um sistema que preconizava o estudo da gênese do ato e de sua redação.

> Ele estudou o processo de formação dos documentos separadamente em suas fases e fatores, e destruiu a lenda da ordem perfeita na produção dos documentos medievais, demonstrando que uma série de irregularidades presentes nos documentos isolados poderia ser explicada melhor estudando a história de sua formação, ao invés de supor, como até agora acontecia, um erro de tradição ou uma falsificação [Bresslau, 1998:43, trad. nossa].

O documento diplomático, entendido aqui segundo a definição de *Urkunde* proposta por Sickel, pode ser entendido como um sistema composto de elementos, intrinsecamente relacionados, essenciais a sua forma e a sua formação. Os protocolos funcionam como uma moldura, protegendo o teor gravado na tela que possui um fato de natureza jurídica. Esse teor ou conteúdo jurídico tem o objetivo de provar a existência de um acontecimento específico, relacionado com as pessoas envolvidas no ato jurídico.

No entanto, deve-se ter claro que há toda uma preparação para que o documento possa estar perfeito e pronto para provar algo.

De acordo com Paoli (2010:58, trad. nossa), "não podemos entender o que é um documento sem antes saber como ele se tornou documento". Esse estudo, proposto pela primeira vez por Ficker, marca uma evolução da diplomática como uma disciplina analítica, que passa a estudar o documento enquanto um sistema complexo de elementos-chave, podendo ser analisados com base na relação que estabeleceram entre si.

A incorporação do método de Ficker – o estudo da ação (*actio*) e do contexto jurídico no qual o documento foi gerado, além de sua passagem para um meio juridicamente relevante (*concriptio*) – àquele proposto por Sickel (divisão do documento e confronto de escrituras) permitiu que o documento pudesse ser analisado à luz de seu processo de formação, ou seja, desde a ação que o levou a ser criado, à forma escolhida para representar o negócio jurídico e às pessoas que dele fizeram parte.

Dessa forma, o método de Sickel e Ficker difere, fundamentalmente, daqueles apresentados nos tratados anteriores por abranger não apenas a análise de fórmulas preestabelecidas para a redação dos documentos, mas também um estudo da gênese documental, ou seja, do "tornar-se documento". A partir de então, os diplomatistas puderam contar com um método para a análise de documentos sem que precisassem recorrer à comparação com peças seguramente autênticas.

A diplomática deu um grande salto em direção às disciplinas modernas graças à junção dos métodos de Sickel e Ficker, que passaram a ser estudados e aplicados rapidamente em toda a Europa. Seus métodos proporcionaram mais segurança no momento da análise do documento – principalmente no que tange ao estudo da forma e de seus elementos –, graças à partição em texto e protocolo de Sickel, e do contexto jurídico no qual teve início a ação que o originou, como propôs Ficker.

A esse período denominamos "diplomática moderna", que se estende até meados do século XX, quando se observa uma expansão dos limites cronológicos e territoriais da diplomática, para além dos diplomas medievais.

A diplomática contemporânea: os estudos de Bautier, Duranti e Carucci

Até meados do século XX, essencialmente a diplomática restringiu-se aos estudos dos documentos históricos, sobretudo aqueles da Idade Média, escritos em língua latina, e colocou a arte crítica em uma posição de quase servidão com relação à história.

Em 1961, o historiador francês Robert-Henri Bautier propôs uma ampliação do objeto da diplomática além daqueles testemunhos redigidos segundo a observação de formas determinadas que garantem ao documento natureza jurídica e força probatória, *Urkunde* – como os definiu a diplomática moderna. "Eu não vejo nenhuma razão para que a diplomática descarte de seu campo, como ela tem feito tradicionalmente, todos os documentos administrativos que não sejam aqueles entendidos em sentido estrito" (Bautier, 1961:208, trad. nossa).

O autor defendia que, em vez de estudar o documento diplomático isoladamente, dever-se-ia compreendê-lo enquanto documento arquivístico – documentos que fazem parte de um mesmo fundo e que guardam relações orgânicas entre si. Isso garantiria ao diplomatista uma compreensão melhor do contexto no qual o documento foi gerado, uma vez que as fontes são claramente maiores.

Para Bautier, um documento não poderia ser verdadeiramente compreendido fora do contexto do fundo ao qual pertence. Assim como os arquivistas tinham muito clara essa relação, os diplomatistas também deveriam apoiar-se na perspectiva de fundo e conjunto, oferecidos pela arquivística.

> A crítica dos documentos é surpreendentemente facilitada pela sua aproximação aos documentos anteriores e posteriores a eles, assim como pela reunião de peças de um mesmo dossiê [...] Nós estamos convencidos de que os diplomatistas seriam muito mais conscientes deste aspecto se eles tivessem sempre acreditado na noção de que o documento diplomático é essencialmente um documento de arquivo, quer dizer, uma peça em um conjunto, um elemento em um fundo [Bautier, 1961:212, trad. nossa].

As discussões acerca da aplicabilidade do método diplomático por outras disciplinas são apresentadas de forma mais contundente no final da década de 1980, quando a arquivística começa a fazer uso do método diplomático como subsídio à organização dos documentos contemporâneos. Em 1987, o aporte teórico e metodológico da diplomática à arquivística finalmente encontra respaldo nos estudos da documentação contemporânea, notadamente a partir da publicação do livro *Il documento contemporaneo: diplomatica e criteri di*, da italiana Paola Carucci, que amplia os limites de estudo do campo da diplomática, aplicando seu método e definições à documentação contemporânea da administração pública italiana.

A obra de Carucci (1987) é o primeiro texto a tratar exaustivamente da aplicação da diplomática aos documentos contemporâneos e de seu aporte à arquivologia. Assim como Bautier, a autora conjuga documento arquivístico e diplomática ao definir como objeto de estudo da disciplina a unidade arquivística elementar.

> A diplomática é, pois, a disciplina que estuda o documento único, ou, se preferirmos, a unidade arquivística elementar, documento, mas também fascículo, registro, analisando, sobretudo, seus aspectos formais a fim de definir a natureza jurídica dos atos, seja quando diz respeito à sua formação, seja quando diz respeito aos seus efeitos [Carucci, 1987:27, trad. nossa].

Novamente a forma e o negócio jurídico são intrinsecamente ligados, mas o campo de estudo da diplomática é estendido não apenas aos documentos que estão conectados de alguma forma ao ato que representa uma manifestação de vontade – capaz de dar lugar, modificar ou extinguir uma situação jurídica –, mas também àqueles que não apresentam ou não atuam baseados em uma natureza jurídica. Desse ponto de vista, os documentos de apoio também passam a integrar as categorias que podem ser analisadas pelo método diplomático, e o estudo dos documentos arquivísticos se justifica, mais uma vez.

Carucci procura demonstrar que o estudo da forma do documento, objeto mais que solidificado da diplomática, se justifica tanto para verificar sua autenticidade / falsidade quanto para reproduzir um contexto de produção da informação arquivística. Nesse sentido, a autora destaca que,

> assim como na Idade Média, a atividade da administração pública e a de relevância jurídica se manifestam mediante os documentos que assumem uma forma determinada, cujos elementos são, em alguns casos, prefixados pela lei [Carucci, 1987:27, trad. nossa].

Logo, o documento contemporâneo, que também se manifesta por meio da relação de vontade expressa no ato jurídico e da forma na qual esse ato se manifesta, pode ser repartido e analisado em suas partes por meio do método diplomático, permitindo ao arquivista uma análise direta dessa relação, sem intermediários.

Em 1989, Luciana Duranti publica uma série de artigos em seis partes intitulada "Diplomatics: new uses for an old science", no periódico arquivístico *Archivaria*, em que, influenciada pelas ideias de Carucci e refletindo seus estudos comparativos entre os documentos medievais e os documentos contemporâneos, propunha novos usos para a diplomática a partir da aplicação de sua crítica aos documentos contemporâneos na América do Norte.

Logo na primeira parte, Duranti conecta a diplomática aos documentos de arquivo, ao definir que o objeto de estudo da disciplina não é qualquer documento escrito, mas o documento arquivístico. Isso é mais do que o suficiente para incentivar os arquivistas norte-americanos, que nunca haviam ouvido falar da diplomática, a estudá-la.

Assim como Carucci, a autora afirma que, para aplicar o método de análise dos documentos medievais aos contemporâneos, não é necessário reformular o conjunto de princípios e métodos da diplomática estabelecidos nos manuais do século XIX, mas somente adaptá-los, uma vez que a aplicação recai agora sobre os documentos arquivísticos, que mantêm uma relação direta do contexto com o conjunto.

A análise diplomática aplicada pela arquivologia busca, portanto, compreender os contextos jurídico, administrativo e processual nos quais os documentos foram criados. Para tanto, a crítica desloca seu olhar da forma documental para o ato gerador do documento. Nesse sentido, a estrutura da crítica diplomática reflete uma progressão sistemática do geral para o específico, e a análise, segundo Duranti (1990), deve ser conduzida conforme o quadro 2.

Essa abordagem contemporânea da diplomática, também conhecida como diplomática arquivística, permite que o arquivista chegue à compreensão do conjunto documental e de seu contexto a partir da crítica do documento. Desse modo, a análise do arquivista desloca-se desde o contexto documental imediato do material que examina até o amplo contexto funcional dos criadores de documentos e de suas relações. Essa análise, assim como a crítica de um documento medieval, é feita por meio do estudo da forma do documento, que se manifesta em seus elementos internos e externos.

Quadro 2

Elementos da análise de Duranti

Elementos extrínsecos	Meio/escrita/linguagem/sinais especiais/selos/anotações
Elementos intrínsecos	Protocolo (subseções)/texto (subseções)/escatocolo (subseções)
Pessoas	Autor do ato/autor do documento/destinatário do ato/destinatário do documento/escritor/pessoa que autentica/testemunhas
Qualificação das assinaturas	Títulos e competências das pessoas envolvidas
Tipo do ato	Simples/contratual/coletivo/múltiplo/continuativo/complexo ou processual
Nome do ato	Venda, autorização, requerimento
Relação entre o documento e o procedimento	Especificação da fase do procedimento geral ao qual o documento se relaciona; e, se o documento resulta de um "ato de procedimento", a fase do procedimento específico
Tipo de documento	Nome (carta, escritura)/natureza (público ou privado)/função (dispositivo, probatório)/estado de transmissão (original, rascunho, cópia)
Descrição diplomática	Contexto (ano, mês, dia, lugar)/ação (pessoas, ato)/documento (nome da forma, natureza, função, estado, meio, quantidade)
Comentários conclusivos	Qualquer documentário que se refira ao documento como um todo

Fonte: elaborado a partir de Duranti (1990).

A diplomática digital: uma nova abordagem?

Os estudos de Duranti fundamentaram as bases para a aplicação da diplomática aos documentos digitais, notadamente a partir da criação do projeto InterPARES.

O projeto InterPARES (International Research on Permanent Authentic Records in Electronic Systems), desenvolvido por Luciana Duranti em parceria com a University of British Columbia, teve início em 1999, com o propósito de desenvolver um conhecimento teórico e metodológico essencial para a preservação permanente de documentos digitais autênticos e para formular políticas, estratégias e padrões capazes de assegurar essa preservação.

Os conceitos e as definições da diplomática foram essenciais para determinar as características necessárias ao documento digital. O grupo definiu primeiramente o documento, entendido como aquele que é criado (feito ou recebido e reservado para ação ou referência) por uma pessoa física ou jurídica no curso de uma atividade prática, como um instrumento e subproduto dela.

Pela perspectiva da diplomática contemporânea, um documento digital, como sua contrapartida tradicional, é um complexo de elementos e suas relações. Possui certo número de características identificáveis, incluindo uma forma documental fixa, um conteúdo estável, um vínculo arquivístico com outros documentos dentro ou fora do sistema e um contexto identificável. Participa de (ou apoia) uma ação, de maneira procedimental ou como parte do processo de tomada de decisões, e pelo menos três pessoas (autor, escritor e destinatário) estão implicadas em sua criação (Duranti, 2005:33).

A partir da diplomática, o grupo de pesquisa do projeto pôde identificar os elementos contidos em documentos eletrônicos, constatando que eles podiam ser encontrados nos documentos tradicionais. Logo, os elementos formais eram os mesmos. A partir disso, ficou mais fácil criar modelos de documentos eletrônicos que pudessem prover as características buscadas pelo projeto, a saber: autenticidade e confiabilidade de um registro.

O sucesso de aplicação das definições e do método da diplomática aos documentos contemporâneos, notadamente no Canadá e nos países que fazem parte do projeto InterPARES, levou Duranti a definir uma nova abordagem de estudos da diplomática, intitulada diplomática digital. Segundo Rogers (2015), o que a diplomática digital tenta fazer é identificar todos os elementos necessários dos metadados que devem ser criados, gerenciados e preservados para identificar singularmente um documento e mostrar sua integridade ao longo do ciclo de vida, da criação ao uso, reúso e preservação.

Essa nova abordagem busca contribuir para a criação e a manutenção de registros digitais autênticos em duas linhas: (1) digitalização de fontes históricas e uso de ferramentas digitais que apoiam a crítica diplomática por meio da análise dos elementos internos e externos da forma, ou seja, dos metadados (OCR – reconhecimento ótico de caracteres); (2) aplicação da teoria e de princípios da diplomática na análise de documentos nascidos digitais.

Considerações finais

É importante observar que, durante esse percurso histórico da diplomática que percorremos, desde o século XVII até o XXI, não foi mencionada, em nenhum momento, a expressão "evolução da diplomática". Isso porque acredita-se que o que se tem são diferentes abordagens aplicáveis a contextos diversos.

O estudo dos elementos internos e externos proposto inicialmente por Mabillon em referência aos documentos medievais torna-se efetivamente um método a partir dos estudos de Sickel e Ficker. Apenas nesse momento, podemos dizer que houve, sim, uma evolução.

Com a publicação dos estudos da diplomática moderna, os diplomatistas passam a utilizar o método agora formalizado para analisar os diplomas medievais, fato que ocorre ainda hoje, pois, para o estudo desses documentos, o método da diplomática moderna é o mais indicado.

O mesmo acontece quando se opta por utilizar o método da abordagem contemporânea, desenvolvido exclusivamente para dar conta de uma aproximação entre diplomática e arquivologia, para fins de recuperação e compreensão do contexto de produção dos documentos de arquivo.

Já para os documentos arquivísticos digitais, além de uma reformulação metodológica (por exemplo, a inserção de outras pessoas responsáveis pela criação do documento – originador e produtor –, bem como a inserção do contexto tecnológico), observa-se uma necessidade de refinamento conceitual (como é observado no conceito de autenticidade), para garantir a credibilidade dos documentos arquivísticos digitais durante toda a cadeia de custódia.

Por fim, pode-se dizer que o documento e sua natureza são os responsáveis por determinar a abordagem diplomática – moderna, contemporânea ou digital – a ser utilizada na análise. Isso revela que o método contemporâneo não constituiu ruptura ou mudança de paradigma face ao método moderno, e sim uma alternativa a mais, que passa a coexistir com aquele, notadamente no contexto arquivístico e digital.

Referências

BAUTIER, Robert-Henri. Leçon d'ouverture du cours de diplomatique à L'Ecole des Chartes. *Bibliothèque de l'École des Chartes*, t. 119, p. 194-225, 1961. Disponível em: <www.persee.fr/doc/bec_0373-6237_1961_num_119_1_449619>. Acesso em: 5 maio 2007.

BLOCH, Marc. *Apologia della storia o mestiere di storico*. 2 ed. Trad. Giuseppe Gouthier. Turim: Enaudi, 2009.

BRESSLAU, Harry. *Manuale di diplomatica per la Germania e l'Italia*. Trad. Anna Maria Voci-Roth. Roma: Ministero per i Beni Culturali e Ambientali, Ufficio Centrale per i Beni Archivistici, 1998.

CARUCCI, Paola. *Il documento contemporaneo*: diplomatica e criteri di edizione. Roma: La Nuova Italia Scientifica, 1987.

DURANTI, Luciana. Diplomatics: new uses for an old science, part I. *Archivaria*, n. 28, p. 7-27, jan. 1989.

____. *Diplomatics of electronic records*. Publicação eletrônica [mensagem pessoal]. Mensagem recebida por <nataliabtognoli@yahoo.com.br> em 26 nov. 2005.

MABILLON, Jean. *De re diplomatica libri sex*. Paris: [s.n.], 1681.

PAOLI, Cesare. *Diplomatica*. 3. ed. Nuova edizione aggiornata da G. C. Bascapè con 220 disegni e facsimili. Florença: Casa Editrice Le lettere, 2010.

ROGERS, Corinne. Diplomatics of born digital documents: considering the documentary form in a digital environment. *Records Management Journal*, v. 25, n. 1, p. 6-20, 2015.

SCHIAPARELLI, Luigi. Diplomatica e storia. In: *Annuario del R. Istituto di Studi Superiori, Pratici e di Perfezionamento in Firenze*. Florença, 1909. p. 3-31.

SICKEL, Theodor von. *Acta regum er imperatorum Karolinorum digesta et enarrata*. Viena: Duck und Verlag von Carl Gerold's Sohn, 1867.

TOGNOLI, Natalia Bolfarini. *A construção teórica da diplomática*: em busca da sistematização de seus marcos teóricos como subsídios aos estudos arquivísticos. São Paulo: Cultura Acadêmica, 2014.

6

Gestão e preservação de documentos digitais

Claudia Lacombe Rocha

Hoje em dia, instituições e indivíduos registram rotineiramente suas atividades em bancos de dados, sistemas de informação geográfica, planilhas eletrônicas, mensagens de correio eletrônico, páginas web, imagens digitais e uma variedade crescente de formatos. Esse registro das atividades, produzido, tramitado e armazenado em meio digital, em grande parte se constitui em documento arquivístico e, por isso, é da responsabilidade dos profissionais de arquivo, que devem atuar ao lado dos profissionais de tecnologia da informação desde o momento da definição do ambiente tecnológico (programas, sistemas, formatos de arquivo), a fim de garantir que os documentos permaneçam autênticos e acessíveis pelo tempo necessário.

A identificação dos documentos arquivísticos em meio à informação digital é o primeiro passo a ser dado, que deve ser seguido por sua inclusão no programa de gestão de documentos, bem como pela definição de uma política e pela elaboração e implantação de um plano de preservação digital.

Os documentos arquivísticos digitais podem se apresentar de formas muito variadas. Os que mais se assemelham aos já conhecidos pelos profissionais de arquivo são aqueles produzidos por programas como os de escritório e armazenados fora do controle de um sistema informatizado. Alguns exemplos são: planilhas de cálculo do setor financeiro; relatórios, atas ou mensagens produzidos por editores de texto; registros fotográficos digitais produzidos no desempenho das atividades de uma instituição. Esses são mais facilmente identificados como documentos arquivísticos e tratados como tais.

Existem outros documentos que são produzidos por sistemas informatizados específicos, como os sistemas acadêmicos das universidades e escolas, sistemas de prontuários eletrônicos e sistemas de processo eletrônico dos tribunais. Esses sistemas comumente produzem documentos estáticos, geralmente na forma de relatórios (folha de pagamento, históricos escolares, boletins de notas, processos judiciais etc.), que podem ser armazenados fora do sistema, em outro ambiente computacional. No entanto, é cada vez mais comum que esses sistemas mantenham o registro das atividades apenas no banco de dados, como um "grande documento digital armazenado".

A constatação dessas variadas formas instigou a elaboração dos conceitos de documento digital manifestado e documento digital armazenado no contexto do projeto InterPARES, que são muito esclarecedores e ajudam os profissionais de arquivo na identificação e na gestão dos documentos arquivísticos digitais. Inicialmente, considerava-se documento arquivístico digital apenas um documento manifestado por um sistema computacional para uma pessoa ou para outro sistema computacional. O documento digital era identificado como tal somente na sua forma manifestada, após o processamento de seus componentes. Nesse caso encontram-se alguns exemplos já citados, tais como: fotografias digitais, planilhas de cálculo e mesmo relatórios produzidos por sistemas informatizados. Com o avanço dos estudos, o entendimento do que é um documento digital foi ampliado, passando-se a considerar os componentes digitais um documento em si; e, nesse ponto, foram elaborados os conceitos de documento manifestado e documento armazenado.

O documento digital manifestado é sua visualização ou manifestação a partir de um documento digital armazenado e/ou componente(s) digital(is) armazenado(s), de forma adequada para apresentação, seja ela voltada para uma pessoa (isto é, uma forma legível para os seres humanos) ou para um sistema de computador (na linguagem da máquina). Alguns exemplos de documentos manifestados para uma pessoa são fotografias digitais, vídeos, textos e relatórios produzidos por sistemas informatizados. Um documento manifestado para outro sistema pode ser uma ordem de pagamento emitida diretamente de um sistema de uma empresa para o sistema de um banco, ou o registro de uma transação de cartão de crédito realizada nos equipamentos e sistemas apropriados.

O *documento digital armazenado* é um objeto digital que é tratado e gerenciado como documento arquivístico, mesmo que não seja manifestado de forma compreensível para um ser humano ou máquina. Um documento armazenado não é compreensível, ele deve ser processado para se tornar compreensível aos olhos humanos ou a outros sistemas. Um exemplo clássico são as bases de dados. Uma base de dados, ou um subconjunto seu, pode ser considerada um documento arquivístico digital armazenado quando tratado como tal por seu produtor, ou seja, o produtor reconhece que esse documento armazenado é o registro de suas atividades e o trata como tal.

Um documento arquivístico digital, seja na forma manifestada ou armazenada, precisa possuir algumas características básicas de qualquer documento arquivístico, pois o que o diferencia dos demais é apenas o fato de ser salvo em um suporte óptico ou magnético e codificado em dígitos binários. Já de início, assim como qualquer outro documento, é necessário que possua conteúdo estável e forma fixa. Em segundo lugar, e da mesma forma que os demais documentos arquivísticos, além de ter envolvimento e ser o registro de uma ação, deve possuir relação orgânica com os demais documentos que participam da mesma ação e possuir contexto identificável, definido como o ambiente que envolve a ação da qual o documento participa.

Um registro que não se mantém com forma fixa e conteúdo estável não é sequer um documento e não pode ser utilizado como fonte de prova ou informação da atividade que registra. Um documento digital tem forma fixa e conteúdo estável quando mantém a mesma apresentação e o mesmo conteúdo que tinha quando salvo pela primeira vez.

A relação orgânica caracteriza o documento arquivístico e o distingue dos demais registros de informação. Ela se define como as relações que os documentos arquivísticos que pertencem a uma mesma agregação (processos, dossiês, séries ou fundos) têm entre si. Esta relação começa quando um documento arquivístico é, pela primeira vez, conectado a outro no curso de uma ação. Pode se expressar pela ordem física dos documentos na agregação a que pertence e também pelo código de classificação ou número de registro de um documento. A relação orgânica expressa o contexto de produção e a procedência do documento, reforçando seu valor probatório.

Outro aspecto importante relacionado à produção de documentos digitais é a compreensão de em que situação se trata de um documento original, de uma minuta ou mesmo de uma cópia, que devem ser tratados diferentemente, como convém a cada um desses *status* do documento.

Algumas vezes, os programas de computador são utilizados para apoiar a produção de um documento, que depois é impresso e assinado ou validado de alguma outra maneira. Nesse caso, o documento digital é uma minuta; o original é aquele em papel, que é o documento que efetiva a ação.

O documento digital é original nas situações em que a ação é efetivada por meio dele e não há necessidade da impressão e autenticação do similar no papel.

É comum a produção de cópias digitais a partir de um documento original (digital ou não digital). Essa é uma das facilidades que o uso da tecnologia da informação proporciona para o acesso e circulação de documentos e da informação neles contida. Nos casos em que a cópia digital é feita a partir de um original não digital, é fácil identificar qual é o original e qual é a cópia. No entanto, quando se trata de cópias digitais feitas a partir de originais digitais, pode ser mais difícil identificar qual é original, pois os arquivos de computador são idênticos. Nesse caso, o documento original é o que efetivou a ação e está sob o controle do sistema que o produziu. Por isso, é muito importante controlar os originais, arquivá-los de maneira adequada e realizar a gestão documental.

Gestão arquivística de documentos digitais

As atividades e procedimentos de gestão dos documentos digitais não diferem dos realizados com os não digitais. Um programa de gestão de documentos deve ser único e compreender todos os suportes e tipos de documentos necessários ao cumprimento da missão e das competências de uma instituição. Devido às suas especificidades, os documentos digitais reforçam a necessidade de procedimentos de gestão para assegurar sua preservação e acesso contínuo.

Os profissionais de arquivo, de informática e os administradores devem estar conscientes de que a tecnologia da informação não irá resolver os problemas decorrentes da falta de gestão documental, como produção e manutenção de documentos pouco confiáveis e a falta de espaço para o armazenamento. A informatização tem sido bem-sucedida em muitas organizações, sejam públicas ou privadas, quando é primeiramente implantado um programa de gestão arquivística de documentos e, depois, automatizados os procedimentos que já estão funcionando corretamente.

A gestão dos documentos digitais deve assegurar a confiabilidade do documento no momento da produção e sua autenticidade ao longo de todo o ciclo de vida. Os documentos digitais precisam ser salvos de maneira a garantir a forma fixa e o conteúdo estável, e não podem ser alterados ou apagados sem controle e autorização. A maneira mais adequada de realizar essa gestão é mantendo os documentos sob o controle de um sistema que seja capaz de realizar os principais procedimentos da gestão documental. Este pode ser um sistema informatizado de gestão arquivística de documentos (Sigad) ou mesmo um sistema informatizado de negócio específico no qual o documento foi produzido (sistema acadêmico, prontuário eletrônico, sistema de gestão de pessoal etc.).

A captura e o gerenciamento dos documentos digitais em um Sigad visa dar tratamento adequado a esses documentos, como atribuir código de classificação e gerir o ciclo de vida até a destinação final, isto é, eliminação ou recolhimento para guarda permanente. A maior parte das aplicações de gestão eletrônica de documentos (GED) não tem por objetivo distinguir os documentos arquivísticos de outras informações nem proporcionar o tratamento arquivístico a eles. O que distingue um Sigad de uma ferramenta de GED é um conjunto de características que um sistema que pretende gerir os documentos arquivísticos deve ter, quais sejam:

- *Tratar o documento arquivístico como uma unidade complexa.* O objeto tratado por um Sigad é o documento arquivístico, e este pode ser formado por um ou mais arquivos digitais relacionados, interpretados por um software que nos apresenta o documento que vemos na tela. Além disso, uma das qualidades do documento arquivístico é a organicidade, ou seja, um documento se relaciona com os demais documentos que participam da mesma ação ou atividade e que pertencem ao mesmo produtor.
- *Realizar a gestão a partir do plano de classificação para manter a relação orgânica entre os documentos.* Os documentos capturados por um Sigad devem ser agrupados virtualmente de acordo com um plano de classificação, que reúne todos aqueles relacionados a uma mesma ação ou atividade.
- *Implementar metadados associados aos documentos para descrever seus contextos de produção.* Um Sigad deve garantir a identificação dos contextos de produção dos documentos, armazenando as informações necessárias em seus metadados.
- *Armazenar e fazer uma gestão segura* para garantir a autenticidade dos documentos e a transparência das ações do órgão ou entidade.
- *Tratar sistematicamente a seleção, a avaliação dos documentos arquivísticos e sua destinação (eliminação ou guarda permanente),* de acordo com a legislação em vigor. Os procedimentos de seleção e destinação dos documentos podem ser apoiados por funcionalidades do Sigad para, com base na tabela de temporalidade associada ao plano de classificação, indicar os documentos que já atingiram a temporalidade prevista e gerar listagens de

eliminação, de transferência ou de recolhimento. É importante ressaltar que essas ações não podem ser feitas de forma automática, devendo sempre ser confirmadas por pessoa autorizada e seguir os procedimentos estabelecidos em normas e legislação específicas, tais como formato das listagens, necessidade de publicação e registro de metadados.

- *Exportar os documentos para transferência e recolhimento.* As funções de exportação de um Sigad já devem prever conversão para os formatos estabelecidos, tanto para a transferência quanto para o recolhimento, de acordo com padrões estabelecidos pelo órgão ou entidade, bem como pela instituição arquivística que irá receber os documentos.
- *Incluir procedimentos para a preservação de longo prazo dos documentos arquivísticos.* É fundamental que um Sigad tenha funcionalidades que apoiem os procedimentos de preservação, ainda que não desempenhe essas funções integralmente. Um bom exemplo é o registro de características técnicas do documento, tais como formato de arquivo ou suporte em que está registrado, e o monitoramento dessas informações para indicar a necessidade de uma conversão ou atualização de suporte no momento devido.

Em 2006, por meio da Resolução nº 25, de 27 de abril de 2007, o Conselho Nacional de Arquivos aprovou e publicou o e-ARQ Brasil – modelo de requisitos para sistemas informatizados de gestão arquivística de documentos, que foi complementado com a publicação da Resolução nº 32, de 17 de maio de 2010. Essa publicação indica os requisitos necessários para um sistema que seja capaz de cumprir com todos os procedimentos e operações técnicas da gestão de documentos, inclusive ser capaz de gerenciar simultaneamente os documentos digitais e os convencionais.

Os documentos digitais que são produzidos em um sistema informatizado de negócio específico e que são mantidos no próprio sistema podem ter uma adequada gestão arquivística sem que necessariamente sejam capturados em um Sigad. No entanto, para que isso aconteça, é necessário que o sistema informatizado incorpore as funcionalidades básicas de um Sigad, a fim de que se possa fazer o controle do ciclo de vida dos documentos e garantir a forma fixa, o conteúdo estável e a relação orgânica dos documentos nele produzidos e mantidos. É como se o sistema informatizado tivesse um pequeno Sigad embutido nele.

Autenticidade do documento digital

A manutenção da autenticidade e do acesso aos documentos digitais ao longo do tempo é o grande desafio da gestão documental atualmente. Suas características e a facilidade de alteração sem deixar rastros colocam em xeque o valor de prova dos documentos digitais.

A autenticidade dos documentos digitais fica especialmente vulnerável quando esses documentos estão fora do controle de um sistema; por exemplo, quando:

- os documentos são transmitidos para pessoas ou outros sistemas;
- a tecnologia em uso é atualizada ou substituída (migração);
- a custódia dos documentos é transferida.

Por esse motivo, é fundamental a adoção de técnicas que declarem que os documentos digitais produzidos e mantidos são autênticos, a fim de evitar que sejam rejeitados ou repudiados. A autenticação de um documento digital pode ser feita de duas formas: dependente ou independente de tecnologia. No primeiro caso, é um mecanismo tecnológico que declara a autenticidade de um documento em um dado momento, como acontece com o uso da certificação digital e da assinatura digital. No segundo, é uma presunção de autenticidade com base em procedimentos controlados de gestão e de preservação de documentos arquivísticos.

A Resolução nº 37, de 19 de dezembro de 2012, do Conselho Nacional de Arquivos recomenda a adoção, sempre que possível, de autenticação independente de tecnologia. Somente em algumas situações, em especial no momento da transmissão de documentos, se deve fazer uso de autenticação dependente de tecnologia.

A certificação digital e a assinatura digital como formas de autenticação podem não funcionar no longo prazo. Isso porque estão baseadas na verificação da cadeia de *bits* do documento original. Acontece que, na eventual realização de uma conversão de formato para garantir o acesso no longo prazo, a nova cadeia de *bits* resultante da conversão não terá mais a assinatura original associada a ela. Apesar de a cadeia de *bits* original continuar associada à assinatura digital, no longo prazo não será mais possível ter acesso ao seu conteúdo; somente a nova cadeia de *bits* resultante da conversão poderá ser lida, de tal forma que a assinatura digital perderá sua função.

Não é suficiente que o documento seja confiável e autêntico; é preciso assegurar que este possa ser lido e compreendido pelas gerações futuras. Assim, a assinatura digital pode não dar as garantias de autenticidade necessárias no arquivamento de documentos no longo prazo.

Mensagem de correio eletrônico

Devido ao amplo uso da mensagem de correio eletrônico no exercício das atividades das instituições e dos indivíduos, é importante chamar atenção para seu tratamento. Essas mensagens substituíram, em grande parte, a comunicação que anteriormente era realizada por meio de correspondência postal, correspondência oficial (memorandos e ofícios) e outras. No entanto, a informalidade na sua produção e a falta de procedimentos para seu tratamento podem acarretar grande perda na formação dos arquivos contemporâneos, tanto nos pessoais quanto nos institucionais. O esgotamento do espaço das caixas postais e a instabilidade das ferramentas e dos provedores de serviço de correio eletrônico são fatores que comprometem a existência desses documentos nos arquivos.

Com relação aos arquivos institucionais, já existem alguns estudos e recomendações publicados em diversos países. No Brasil, o Conselho Nacional de Arquivos aprovou, por meio de sua Resolução nº 36, de 19 de dezembro de 2012, diretrizes para a gestão arquivística do correio eletrônico corporativo pelos órgãos e entidades integrantes do Sistema Nacional de Arquivos (Sinar). Nesse documento, recomenda-se que a gestão da mensagem de correio eletrônico nas instituições seja feita, preferencialmente, com o uso de um Sigad. No entanto, são também apresentadas algumas estratégias de apoio para a gestão arquivística da mensagem de correio eletrônico na ausência de sistema informatizado de gestão arquivística. Ressalta-se a importância de que a instituição reconheça a mensagem de correio eletrônico como um documento arquivístico, sempre que é realizada uma atividade por meio desta. Tais mensagens devem ser identificadas, selecionadas e capturadas para o sistema de gestão, para que possam ser incorporadas no arquivo da instituição e preservadas adequadamente. Outro aspecto importante diz respeito à redação das mensagens, que por serem documentos oficiais precisam ser redigidas de forma adequada a esse tipo de documento.

Com relação aos arquivos pessoais, existem algumas recomendações mais simples e genéricas, mas é necessária muita disciplina do indivíduo na execução rotineira dos procedimentos sugeridos. Esses procedimentos incluem basicamente: identificação das contas de correio eletrônico pessoais, definição e seleção das mensagens que devem ser guardadas, exportação das mensagens selecionadas (que devem ser salvas preferencialmente em um formato aberto), organização das mensagens salvas no computador em uma estrutura de diretórios, criação de cópias de segurança e monitoramento dos suportes das cópias de segurança. Essas recomendações não são muito divulgadas, e é importante uma disseminação maior e conscientização das pessoas a esse respeito.

Preservação digital

Preservação digital é um conjunto de ações que tem como objetivo manter a possibilidade de acesso e de interpretação dos objetos digitais ao longo do tempo. Para ser possível ler um documento digital, é necessário:

- encontrar o(s) arquivo(s) digital(is);
- ler a codificação binária (os *bits*);
- interpretar os *bits* por meio de um software;
- exibir o objeto por meio dos dispositivos de saída apropriados.

A preservação digital precisa garantir que todos esses passos possam ser executados ao longo do tempo.

A rápida evolução da tecnologia da informação torna hardware, software e formatos obsoletos em ciclos cada vez mais curtos, dificultando o acesso aos registros digitais. Outro problema crítico é a fragilidade do suporte digital, que, em poucos anos, pode impossibilitar a leitura do documento. Os principais fatores que podem afetar os suportes são: instabilidade do material, condições ambientais de armazenamento (temperatura, umidade, exposição à luz), manuseio e uso, manutenção inadequada, mau funcionamento do hardware, campo magnético, raio-X e micro-ondas, além de desastres naturais e acidentes.

Pode-se dizer que os dois maiores desafios à longevidade dos documentos digitais são: a obsolescência tecnológica e a fragilidade dos suportes. Em geral, quando um papel é rasgado ou danificado é possível recuperar parte da informação, mas no caso dos documentos digitais um só *bit* danificado pode comprometer totalmente a leitura.

A fim de garantir o acesso de longo prazo, é necessário o monitoramento dos suportes e formatos e a realização de procedimentos de preservação digital antes que os problemas acima apontados se apresentem. Algumas estratégias de preservação digital bem conhecidas são: preservação de tecnologia, emulação, encapsulamento, migração, normalização e uso de formatos abertos. Vejamos um pouco a respeito delas.

Preservação de tecnologia ou museu tecnológico

Uma das primeiras ideias que surgiram para fazer frente à obsolescência tecnológica foi a manutenção dos equipamentos e programas em desuso. Dessa forma, seria possível ler os documentos produzidos nessas plataformas. No entanto, essa proposta demonstrou ter um alto custo e se mostrou impraticável no longo prazo. Os equipamentos podem ser danificados de forma irreversível e fica cada vez mais difícil encontrar mão de obra qualificada e peças para manutenção. A manutenção dos programas também é difícil, pois estes desaparecem do mercado, as licenças de uso decaem e os desenvolvedores não fazem mais sua manutenção. Além disso, os programas mais antigos rodam em equipamentos antigos e específicos, e, assim, a manutenção de um software pode depender também da manutenção de um hardware.

Apesar de não ser muito adequado para o longo prazo, é interessante o uso dessa estratégia por um período curto, como uma precaução na transição de tecnologias em uma instituição. Alguns exemplos são a manutenção de alguns computadores com dispositivos de leitura de suportes que já foram utilizados (disquetes ou fitas magnéticas) e versões antigas de programas instaladas em alguns computadores. Dessa forma, é possível recuperar alguns "documentos esquecidos".

Emulação

É um processo que permite, por meio de software emulador, a execução de software e hardware antigos em um computador moderno, de forma a manter a apresentação e desempenho originais. A grande vantagem da emulação é permitir o acesso aos documentos originais, no formato em que foram produzidos. No entanto, requer um grande investimento em programação e há uma probabilidade crescente de perda de informação e funcionalidades à medida que são utilizadas diversas camadas de emulação (emuladores que rodam em cima de outros emuladores).

Essa estratégia tem sido muito empregada para jogos de computador. Existem vários emuladores que permitem o uso, nos computadores atuais, de jogos muito antigos que rodavam em computadores com uma arquitetura já em desuso. Também existem alguns casos de uso de emulação para reconstituir um contexto tecnológico específico e dar acesso a documentos antigos, que foram produzidos em plataforma hoje obsoleta, em alguns museus ou centros de informação.

Encapsulamento

Consiste em preservar, junto com o documento digital, toda a informação necessária e suficiente para, no futuro, permitir seu acesso por meio do desenvolvimento de conversores, visualizadores ou emuladores. É formado um pacote de preservação que contém o documento digital e a informação de preservação, sendo que esta informação pode estar registrada em componentes digitais (metadados) ou analógicos. Note que um componente analógico pode ser um conjunto de instruções escritas que podem estar no estojo onde o suporte está armazenado, explicando como ler aquele suporte e interpretar as camadas lógicas do objeto digital.

Migração

A migração é a estratégia de preservação que mais tem sido utilizada, e pode se apresentar como uma simples atualização de suporte ou uma conversão.

Atualização de suporte (*refreshing*) consiste na transferência do documento de um suporte que está se tornando obsoleto, fisicamente deteriorado ou instável, para outro. Nesse caso, não há nenhuma perda ou alteração no documento, pois a cadeia de *bits* copiada para o outro suporte é idêntica à original. Por exemplo, copiar os arquivos que estão em disquetes para um CD ou um *hard disk*.

Já a conversão implica alteração da cadeia de *bits* e pode acarretar perda de alguma característica da apresentação do documento ou mesmo de seu conteúdo. Pode ser realizada conversão de um *formato de arquivo* para outro mais atual ou padronizado (.doc → .pdf) ou de uma *plataforma computacional* para outra.

Como a conversão pode acarretar alteração do documento, recomenda-se que seja feita sempre com muita cautela e controle. Nos casos em que for inevitável alguma alteração ou perda, esta deve ser registrada em metadados, de forma a apoiar a verificação da autenticidade do documento no futuro.

Normalização

A normalização consiste na redução do número de formatos que se encontram no repositório com o objetivo de simplificar a preservação. Trata-se de um uso específico da conversão de formatos. Em geral, define-se um ou dois formatos de arquivo padrão para cada tipo de documento digital, para o qual são convertidos os documentos no momento da entrada no repositório.

Uso de formatos abertos ou padronizados

A adoção de formatos abertos ou padronizados oferece uma expectativa de vida maior ao documento digital e possibilita maior independência com relação a hardware e software. Uma vez que as especificações são públicas, outras empresas podem desenvolver aplicativos para sua leitura. Desse modo, existe maior possibilidade de alguma empresa desenvolvedora continuar oferecendo no mercado um software capaz de ler e trabalhar com esse formato. Por isso, no momento da definição dos formatos de arquivo que serão adotados na instituição para a produção, e principalmente arquivamento de documentos, deve-se evitar a escolha de formatos proprietários.

Formato de arquivo é uma especificação de regras e padrões descritos formalmente para a interpretação dos *bits* constituintes de um arquivo de computador. Os aplicativos interpretam essas regras e padrões e apresentam (ou manifestam) os documentos nos dispositivos de saída do computador.

Atenção: um documento em "formato aberto" não é necessariamente produzido por um "software livre". Existem aplicações proprietárias que produzem documentos em formato aberto.

Formatos abertos: especificações públicas e livremente disponíveis.

Formatos padronizados: especificações produzidas por um órgão de normalização.

Formatos proprietários: especificações definidas por uma empresa que mantém seus direitos, sendo seu uso gratuito ou não.

O mundo digital traz muitos desafios, e não existem soluções completas disponíveis no mercado para a preservação de longo prazo de materiais digitais. Cada instituição precisa desenhar e colocar em prática um plano de preservação digital adequado à sua realidade, com atenção para o fato de que as ações de preservação são contínuas e devem ser efetuadas desde a produção dos documentos até sua destinação final. É importante que esse plano seja bem documentado e periodicamente revisado.

O plano de preservação digital deve incluir, ao menos, os seguintes aspectos:

- *Escolha de formatos de arquivo para produção e arquivamento de documentos*. Sempre que possível, devem ser utilizados formatos abertos, estáveis (baixa frequência de revisão), independentes de plataforma tecnológica (hardware e software) e que não utilizem compressão. Dessa forma, os documentos podem ter uma expectativa de vida mais longa, sem que seja necessária alguma intervenção para fins de preservação.
- *Definição de critérios para nortear a escolha de software e hardware de forma a garantir a longevidade dos documentos digitais*. Aconselha-se

a utilização, sempre que possível, de programas com especificações abertas, não proprietários, bem documentados, aderentes a padrões e que sejam capazes de gerar documentos em diferentes formatos (para promover interoperabilidade). Sua documentação deve ser mantida, bem como das customizações realizadas, de modo a possibilitar migração quando for preciso.

Com relação ao hardware, é necessária uma atenção especial ao ambiente de armazenamento. Alguns critérios que devem ser levados em conta são: custo, capacidade, durabilidade, escalabilidade, interoperabilidade com sistemas concorrentes, segurança (suporte a RAID, *backup* e replicação remota) e facilidade de programação. Esses critérios devem ser acrescidos de outros que sejam de especial interesse da instituição.

Além disso, na ocasião de mudança de ambiente, os novos programas devem ter compatibilidade com os utilizados anteriormente e qualquer modificação nos sistemas informatizados e em sua base tecnológica tem de ser testada de modo a garantir que, após a implantação das alterações, os documentos digitais possam ser acessados sem alteração ou perda.

- *Definição de um plano de monitoramento.* As ações de preservação têm de ser efetivadas sempre que se torne patente ou previsível a obsolescência da tecnologia utilizada. Por isso, é essencial um plano de monitoramento dos formatos e suportes utilizados que possibilite identificar a necessidade de realização de determinada estratégia de preservação digital. O monitoramento deve levar em conta: temporalidade prevista para o documento, expectativa de vida dos suportes e obsolescência dos formatos, comparando com a idade dos suportes e os formatos em uso.
- *Seleção das estratégias de manutenção e preservação.* Definição precisa das estratégias que serão adotadas na instituição em resposta aos alertas do monitoramento. Além das respostas relativas à obsolescência tecnológica e à fragilidade de suportes, é preciso definir minimamente um plano para garantir o acesso aos documentos quando da mudança de software, ou mesmo

mudança de versão de software (que pode abranger conversão, emulação ou encapsulamento), e um plano para garantir o acesso aos documentos em caso de mudança de hardware que envolva dispositivos de leitura e suportes (atualização de suportes e preservação de tecnologia).

É sempre bom lembrar que essas estratégias devem ser colocadas em prática de modo a garantir a forma fixa e conteúdo estável dos documentos.

- *Definição de metadados*. O plano de preservação digital deve indicar os metadados necessários para apoiar o monitoramento dos documentos digitais (características técnicas dos documentos) e o registro das ações de preservação que forem realizadas neles. Esses metadados devem ser registrados de forma adequada, juntamente com os metadados descritivos e de gestão.

Repositórios digitais

O ambiente ideal para a preservação de documentos arquivísticos digitais é um repositório digital, mais precisamente um repositório arquivístico digital confiável (RDC-Arq), conforme orienta a Resolução Conarq nº 39, de 29 de abril de 2014.

Um repositório digital confiável é um ambiente que gerencia, preserva e provê acesso a material digital. A gestão é um aspecto importante do repositório, pois somente assim ele é capaz de garantir acesso e preservar o material digital. É preciso também esclarecer que o conceito de repositório digital aqui abordado abrange a solução tecnológica (hardware e software) e também aspectos organizacionais. Veremos logo à frente alguns detalhes a esse respeito.

Para preservar documentos arquivísticos, são necessárias algumas especificações adicionais aos repositórios digitais, a fim de garantir as características desses documentos. Conforme a Resolução Conarq nº 39, um RDC-Arq é um repositório digital confiável que gerencia os documentos de arquivo de maneira a garantir a relação orgânica entre os documentos e registra metadados em conformidade com as normas e padrões da área de arquivos.

A necessidade de repositórios confiáveis e a preocupação com relação ao acesso e autenticidade no longo prazo motivaram uma série de estudos que, por sua vez, resultaram em algumas propostas e documentos de referência.

A norma mais importante da área é o modelo Open Archival Information System (OAIS), tornado uma norma ISO em 2002. O OAIS estabelece um modelo de informação e um modelo funcional, ou seja, descreve as informações e as funções necessárias para a preservação de longo prazo no âmbito de um repositório digital.

Paralelamente a esse trabalho, em março de 2000, o Research Library Group (RLG) e o On-line Computer Library Center (OCLC) iniciaram uma colaboração no sentido de definir as bases conceituais e os principais atributos para um repositório digital confiável. Como resultado desse trabalho, em 2002 foi publicado um relatório com o título *Trusted digital repositories: atributes and responsabilities.* De acordo com esse documento, "um repositório digital confiável é aquele que tem como missão oferecer à sua comunidade-alvo acesso confiável e de longo prazo aos recursos digitais por ele gerenciados, agora e no futuro" (RLG/OCLC, 2002:5, trad. nossa).

Os principais atributos de um repositório confiável apontados no relatório são:

- conformidade com a infraestrutura estabelecida pelo modelo de referência OAIS;
- responsabilidade administrativa;
- viabilidade organizacional;
- sustentabilidade financeira;
- adequabilidade tecnológica e de procedimentos;
- sistema de segurança;
- responsabilização pelos procedimentos.

O relatório aponta ainda que, para cumprir sua missão, um repositório digital confiável precisa dar conta de determinadas responsabilidades, do ponto de vista tanto organizacional e de curadoria quanto operacional. Ressaltam-se aqui os aspectos organizacionais, pois é preciso compreender quais responsabilidades devem ser assumidas pelos repositórios para que possam preservar os objetos digitais. Os demais aspectos serão elencados na apresentação do modelo OAIS.

A definição dos aspectos organizacionais deve ser baseada nos seguintes fatores:

- escopo das coleções;
- gestão do ciclo de vida e preservação;
- amplitude dos *stakeholders*;
- direitos e outras questões legais;
- custos.

O primeiro atributo de um repositório digital confiável é a conformidade com o modelo OAIS; por isso é importante conhecer suas bases. O modelo é reconhecido como a proposta conceitual mais importante para sistemas voltados para preservação digital. É resultado de uma iniciativa coordenada pelo Nasa Consultative Committee for Space Data Systems (CCSDS) para normatizar um esquema conceitual de repositório capaz de garantir a preservação e o acesso de longo prazo aos objetos digitais. A versão final foi publicada em 2002 e, no ano seguinte, aprovada como norma ISO nº 14.721. Em 2007, foi traduzida para o português e publicada pela ABNT sob o nº ABNT NBR 15.472.

O modelo OAIS estabelece conceitos básicos e expõe os fundamentos para o arquivamento digital com vistas à preservação de longo prazo. O modelo de referência apresenta *o que* fazer, e não *como* fazer. Nesse sentido, são definidas as principais funções e um modelo de pacotes de informação em nível conceitual, além da especificação dos principais atores. Não é determinado qualquer tipo de implementação.

Em primeiro lugar, a norma estabelece as principais responsabilidades de um OAIS, tendo em vista sempre a disponibilização da informação:

1) *Negociar a aceitação dos documentos vindos dos produtores.* Refere-se à definição de critérios, padrões e metadados para a aceitação dos objetos digitais, tais como tipo de documento/informação, assunto, originalidade, tipos de suportes, formatos de arquivo e metadados (descritivos, técnicos e de preservação).
2) *Ter o controle das informações para garantir a preservação de longo prazo.* Refere-se ao controle que o OAIS tem que ter sobre os objetos digitais recebidos, no que diz respeito à custódia física e intelectual, *copyright* e direitos para alterar esses objetos. Esse controle sobre os objetos digitais é muito importante, pois as estratégias de preservação podem, em algumas situações, alterar a apresentação do objeto digital. Por isso, esses direitos têm de ser estabelecidos no acordo de transferência.
3) *Determinar e compreender qual é a comunidade-alvo, que deve estar capacitada para compreender a informação fornecida.* A definição da comunidade-alvo é fundamental, pois ela determina as necessidades de informação a respeito dos objetos digitais e como eles devem ser disponibilizados. Essa definição pode ser feita em conjunto com outros parceiros.
4) *Garantir que a informação seja compreensível para a comunidade-alvo.* Uma vez definida a comunidade-alvo, o OAIS tem de manter e prover acesso à informação diretamente, de tal forma que a comunidade-alvo seja capaz de compreender sem intermediação de outros especialistas.
5) *Seguir processos documentados.* O OAIS deve seguir políticas e procedimentos documentados que garantam que os documentos estejam preservados contra todas as contingências e que possibilitem que sejam disseminados como cópia autêntica do original.

6) *Tornar a informação preservada disponível para a comunidade-alvo.* O OAIS deve realizar todas as funcionalidades necessárias (busca, apresentação, controle de acesso, documentação) para a disseminação dos objetos digitais, com foco voltado para sua comunidade-alvo.

O modelo prevê três agentes diferentes na interação com o OAIS e define o papel de cada um deles: produtores, consumidores e administrador.

- Produtores: são as pessoas ou sistemas que fornecem os objetos digitais a serem preservados;
- consumidores: são as pessoas ou sistemas que interagem com o OAIS para acessar os objetos digitais preservados;
- administrador: responsável pelo estabelecimento das políticas e pela gestão dos objetos digitais preservados.

O modelo de informação apresenta o conceito de pacote de informação, que é o fundamento de um repositório OAIS. Ele é um contêiner conceitual, composto pelo objeto digital a ser preservado e todos os metadados necessários associados a esse objeto.

Figura 1

Pacotes de informação

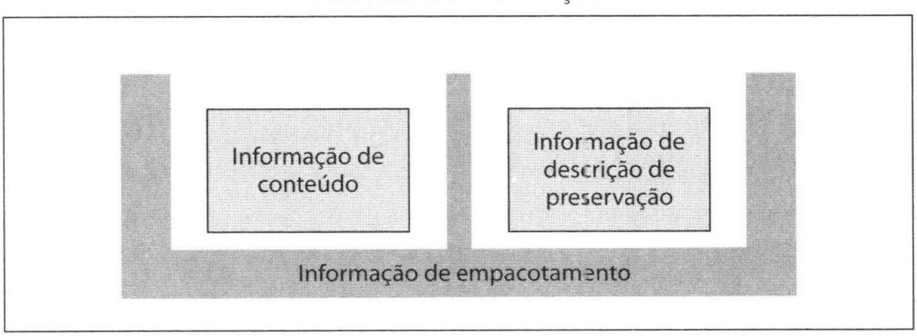

Fonte: elaborado pela autora (2019).

- *Informação de conteúdo*. O objeto digital a ser preservado (cadeia de *bits*) e todos os metadados técnicos necessários para identificar o tipo de dado, o formato de arquivo e interpretar a cadeia de *bits*, chamados de informação de representação.

- *Informação de descrição de preservação.* Toda a informação necessária para a preservação no longo prazo, referente às condições de acesso, contexto de produção e ações de preservação. Esses metadados são classificados em quatro grupos:
  - referência: registra a identidade do objeto;
  - proveniência: registra o histórico do objeto com relação à origem, custódia, propriedade intelectual, ações de preservação etc.;
  - fixidade: registra a integridade e mecanismos de autenticação;
  - contexto: registra relacionamentos, versões, dependências, razão da criação.
- *Informação de empacotamento.* É aquela necessária para identificar e reunir os componentes de um pacote de informação.

Ao pacote de informação são ainda associadas informações descritivas, que têm como objetivo apoiar a localização, ordenação e recuperação dos objetos digitais pelos consumidores.

O modelo de referência prevê três tipos de pacotes de informação:

- *SIP – pacote de informação para submissão.* É o pacote de informação entregue pelo produtor ao OAIS. Contém o objeto digital e todas as informações relevantes disponibilizadas pelo produtor.
- *AIP – pacote de informação para arquivamento.* É o pacote de informação que será objeto de preservação. Após a submissão, novos metadados são adicionados ao objeto digital, que é novamente encapsulado como um AIP.
- *DIP – pacote de informação para disseminação.* É o pacote de informação recebido pelo consumidor, em resposta a uma solicitação ao OAIS. É produzido especialmente para esse fim e contém uma cópia do objeto digital e todos os metadados ou sistemas necessários para seu uso.

Com relação ao modelo funcional, as funcionalidades típicas de um OAIS são organizadas em seis grandes grupos, além de atividades preliminares de submissão prévia: admissão (*ingest*), armazenamento, gestão de dados, administração do sistema, planejamento da preservação e acesso.

Figura 2
Funcionalidades típicas de um OAIS

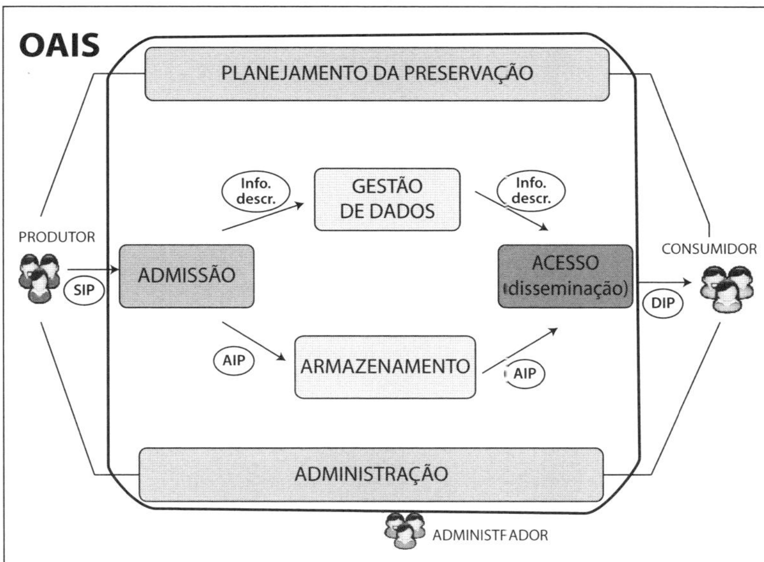

Fonte: elaboração da autora com base na ISO nº 14.721.

- *Admissão*. Faz a recepção e aceitação do SIP, verifica e valida as informações e a *string* de *bits* relativa ao objeto em si, gera informação descritiva, atribui um identificador único e prepara o AIP para armazenamento. Essa função é responsável pela garantia de qualidade.
- *Armazenamento*. Recebe o AIP da função de admissão, incorpora-o à área de armazenamento permanente e fornece os dados para a função de acesso. Inclui serviços de armazenamento, manutenção e recuperação de AIPs, tais como: gerenciamento

da hierarquia de armazenamento, monitoramento e atualização de suportes, verificação da integridade e recuperação de falhas.

- *Gestão de dados*. Gerencia as informações descritivas e administrativas a respeito dos objetos digitais no repositório. Alguns componentes típicos são: controles de acesso, perfis de usuários, informações estatísticas e geração de relatórios, manutenção de taxonomias, trilhas de auditoria.
- *Administração do sistema*. Gerenciamento operacional do repositório como um todo, incluindo sua manutenção. As funções típicas incluem: negociação dos acordos de submissão, gerência da configuração do sistema, estabelecimento e manutenção da política e padrões em uso no repositório, controle físico de acesso, atendimento ao usuário, interação com outros repositórios.
- *Planejamento da preservação*. Estabelece a política de preservação, de forma a garantir que os objetos digitais preservados no repositório estejam acessíveis para a comunidade-alvo no longo prazo. As funções incluem: monitoramento da comunidade-alvo, monitoramento da tecnologia para prever o risco de obsolescência tecnológica, monitoramento das propriedades significativas dos objetos digitais do repositório, desenvolvimento de estratégias e padrões de preservação e desenvolvimento de projetos de empacotamento e planos de migração.
- *Acesso (disseminação)*. Apoia os consumidores na busca e localização dos objetos digitais e provê o acesso adequado, além de preparar os DIPs. As funções típicas incluem: recebimento de solicitações do usuário, geração de respostas às solicitações do usuário, entrega dos DIPs.

Metadados

O profissional de arquivo já está acostumado a trabalhar com metadados, embora não os identifique dessa forma. A prática arquivística inclui o registro de informações descritivas associadas aos documentos, como o registro de protocolo, índices de busca e instrumentos descritivos, que nada mais são que metadados descritivos.

Metadados (dado sobre dado) são dados estruturados de um objeto de informação, que o descrevem e podem apoiar sua gestão e sua preservação.

Dado estruturado é um dado registrado de tal forma que cada conteúdo informacional está relacionado a um significado específico, como ocorre com os registros de bancos de dados (campos das tabelas) ou nos documentos em .xml com etiquetas (*tags*) específicas de metadados. Dessa maneira, um sistema informatizado é capaz de pesquisar uma informação em particular, como o título de um documento, sua data de criação ou o formato do arquivo em que foi registrado.

Os documentos digitais têm necessidade de outros metadados, além dos descritivos, que ajudam a identificá-los e a tornar mais fácil sua busca. Os metadados dos documentos digitais também servem para apoiar a presunção de autenticidade (elucidar se os documentos são os mesmos de quando foram criados), apoiar os procedimentos de gestão documental, controlar as permissões de acesso e apoiar sua preservação.

De modo geral, os metadados devem registrar todo o ciclo de vida dos documentos, incluindo as atividades de produção, identificação e descrição, acesso, armazenamento, destinação e preservação. Alguns deles podem ser extraídos e registrados automaticamente, facilitando o trabalho do produtor do documento.

Existem vários tipos de metadados, e eles podem ser classificados ou agrupados de acordo com critérios diversos. Algumas categorias bastante comuns de metadados aplicados a recursos de informação digitais são: administrativos, estruturais, descritivos e de preservação. É importante ter em conta que vários elementos de metadados de preservação podem também integrar cada uma das outras três categorias.

Os *metadados administrativos* são aqueles que auxiliam a gestão de documentos, a gestão de direitos e a gestão da preservação. Registram as características técnicas dos documentos. Exs.: data de recebimento, ações de preservação (conversão, atualização de suporte), tipo de arquivo (.doc, .odf), direitos de acesso (confidencialidade, propriedade intelectual).

Os *metadados estruturais* são aqueles que fornecem informações para apoiar o armazenamento e apresentação dos documentos. Descrevem as relações entre eles, bem como a estrutura interna de documentos complexos. Exs.: versões de documentos, documentos que integram um processo ou dossiê, arquivos que compõem uma página web, tabelas de uma base de dados.

Os *metadados descritivos* são aqueles que auxiliam na busca e recuperação dos documentos. Exs.: autor, destinatário, data de criação, instituição produtora, código de classificação, assunto.

Os *metadados de preservação* são os que registram as características técnicas dos documentos digitais para apoiar o monitoramento e a aplicação das estratégias de preservação digital, bem como registram as ações de preservação realizadas sobre os documentos. Exs.: tipo de suporte, data da última atualização de suporte, formato do arquivo e indicação de conversões.

Antes de registrar os metadados nos documentos, é necessário definir um *esquema de metadados* para ser adotado, que consiste em um conjunto de elementos de metadados estruturados para um conjunto específico de objetos digitais. Cada elemento de metadado registra uma informação relacionada a um aspecto particular do recurso, por exemplo: autor, título ou suporte.

Existem alguns padrões, ou esquemas, que foram desenvolvidos para facilitar a troca de informações entre sistemas que gerenciam recursos digitais similares. No momento da escolha do esquema de metadados a ser adotado, é importante tomar como ponto de partida um padrão conhecido e de ampla aceitação na área, para garantir a inclusão das informações essenciais e a interoperabilidade entre sistemas. A partir desses padrões, pode-se definir o esquema a ser utilizado na instituição. Alguns esquemas conhecidos na área de documentação são: Dublin Core, Premis e e-PMG.

- *Dublin Core*. Conjunto de metadados estabelecido em consenso por um grupo interdisciplinar de profissionais das áreas de bibliotecas, arquivos, museus, computação, entre outras, com o objetivo de padronizar o uso de metadados na internet. Apresenta um padrão simples, com 15 termos nucleares, para apoiar a busca, o compartilhamento e a gestão de informações. Atualmente, é mantido pela Dublin Core Metadata Initiative (DCMI).
- *Premis*. Conjunto nuclear de metadados desenvolvido pelo grupo PREMIS, criado pela Online Computer Library Center (OCLC), com o objetivo de fornecer um padrão de metadados para apoiar as ações de preservação, com ampla aplicação na comunidade internacional de preservação digital.
- *e-PMG*. Padrão de metadados do governo brasileiro, elaborado como parte da infraestrutura de interoperabilidade do governo eletrônico (e-PING), com o objetivo de apoiar a interação, a recuperação e a gestão dos recursos informacionais produzidos pelos órgãos do governo. Foi desenvolvido com base no padrão Dublin Core.

No que diz respeito à gestão dos documentos digitais, é fundamental a adoção de um esquema de metadados. O e-ARQ Brasil, aprovado pelo Conselho Nacional de Arquivos, apresenta um esquema de metadados voltado para sistemas informatizados de gestão arquivística de documentos, que foi delineado em conformidade com esses três esquemas conhecidos, além das normas de descrição arquivística – Nobrade e Isad (G).

Referências

ASSOCIAÇÃO BRASILEIRA DE NORMAS TÉCNICAS (ABNT). *NBR 15472*: sistemas espaciais de dados e informações – modelo de referência para um sistema aberto de arquivamento de informação (SAAI). Rio de Janeiro: ABNT, 2007.

CONSELHO INTERNACIONAL DE ARQUIVOS. Comitê de Arquivos Correntes em Ambiente Electrónico. *Documentos de arquivo electrónicos*: manual para arquivistas. Lisboa: Instituto dos Arquivos Nacionais/ Torre do Tombo, 2005. (Estudo n. 16).

CONSELHO NACIONAL DE ARQUIVOS (CONARQ). *Carta para a preservação do patrimônio arquivístico digital*. Rio de Janeiro: Arquivo Nacional; Unesco, 2004. Disponível em: <www.arquivonacional.gov.br>. Acesso em: 28 jan. 2014.

_____. *e-ARQ Brasil*: modelo de requisitos para sistemas informatizados de gestão arquivística de documentos. Rio de Janeiro: Conarq, 2006.

DURANTI, Luciana; THIBODEAU, Ken. The concept of record in interactive, experimental and dynamic environments: the view of InterPARES. In: DURANTI, Luciana; PRESTON, Randy. *International research on permanent authentic records in electronic systems (InterPARES 2)*: experimental, interactive and dynamic records. Padova: Anahi, 2008. p. 402-459.

FERREIRA, Miguel. *Introdução à preservação digital*: conceitos, estratégias e actuais consensos. Guimarães: Escola de Engenharia do Minho, 2006.

INTERNATIONAL ORGANIZATION FOR STANDARDIZATION. *ISO 14721*: reference model for an open archival information system (OAIS). Genebra: ISO, 2003.

_____. *ISO 16363:2012*: space data and information transfer systems – audit and certification of trustworthy digital repositories. Genebra: ISO, 2012.

INTERPARES PROJECT. *Diretrizes do produtor*: a elaboração e a manutenção de materiais digitais – diretrizes para indivíduos. Vancouver: InterPARES Project, School of Library, Archival and Information Studies, The University of British Columbia, 2007a. Disponível em: <www.interpares.org/ip2/display_file.cfm?doc=ip2_creator_guidelines_booklet--portuguese.pdf>. Acesso em: 28 jan. 2014.

_____. *Diretrizes do preservador*: a preservação de documentos arquivísticos digitais – diretrizes para organizações. Vancouver: InterPARES Project, School of Library, Archival and Information Studies, The

University of British Columbia, 2007b. Disponível em: <www.interpares.org/ip2/display_file.cfm?doc=ip2_preserver_guidelines_booklet--portuguese.pdf> Acesso em: 28 jan. 2014.

RESEARCH LIBRARY GROUP (RLG); ON-LINE COMPUTER LIBRARY CENTER (OCLC). *Trustworthy digital repositories*: atributes and responsabilities. Mountain View, CA: RLG, 2002. Disponível em: <www.oclc.org/content/dam/research/activities/trustedrep/repositories.pdf>. Acesso em: 21 jun. 2013.

_____. *Trustworthy repositories audit & certification*: criteria and checklist. Chicago: OCLC, CRL, 2007. Disponível em: <www.crl.edu/sites/default/files/attachments/pages/trac_0.pdf>. Acesso em: 21 jun. 2013.

RONDINELLI, Rosely Cury. *Gerenciamento arquivístico de documentos eletrônicos*: uma abordagem teórica da diplomática arquivística contemporânea. Rio de Janeiro: FGV Ed., 2002.

_____. *O documento arquivístico ante a realidade digital*: uma revisitação necessária. Rio de Janeiro: FGV Ed., 2013.

SANTOS, Vanderlei Batista dos. *Gestão de documentos eletrônicos*: uma visão arquivística. Brasília: Abarq, 2002.

SAYÃO, Luis Fernando. Repositórios digitais confiáveis para a preservação de documentos eletrônicos científicos. *Ponto de Acesso*, v. 4, n. 3, p. 68-94, dez. 2010. Disponível em: <www.portalseer.ufba.br/index.php/revistaici/article/viewArticle/4709>. Acesso em: 21 jun. 2013.

Resoluções do Conselho Nacional de Arquivos

Resolução nº 20, de 16 de julho de 2004. Dispõe sobre a inserção dos documentos digitais em programas de gestão arquivística de documentos dos órgãos e entidades integrantes do Sistema Nacional de Arquivos. Disponível em: <http://conarq.gov.br/resolucoes-do-conarq/262-resolucao-n-20,-de-16-de-julho-de-2004.html>. Acesso em: 27 fev. 2019.

Resolução nº 24, de 3 de agosto de 2006. Estabelece diretrizes para a transferência e recolhimento de documentos arquivísticos digitais para instituições arquivísticas públicas. Disponível em: <http://conarq.gov.br/resolucoes-do-conarq/266-resolucao-n-24,-de-3-de-agosto-de-2006.html>. Acesso em: 27 fev. 2019.

Resolução nº 25, de 27 de abril de 2007. Dispõe sobre a adoção do modelo de requisitos para sistemas informatizados de gestão arquivística de documentos – e-ARQ Brasil pelos órgãos e entidades integrantes do Sistema Nacional de Arquivos – Sinar. Disponível em: <http://conarq.gov.br/resolucoes-do-conarq/267-resolucao-n-25,-de-27-de-abril-de-2007.html>. Acesso em: 27 fev. 2019.

Resolução nº 32, de 17 de maio de 2010. Dispõe sobre a inserção dos metadados na parte II do Modelo de Requisitos para Sistemas Informatizados de Gestão Arquivística de Documentos – e-ARQ Brasil. Disponível em: <http://conarq.gov.br/resolucoes-do-conarq/274-resolucao-n-32,-de-17-de-maio-de-2010.html>. Acesso em: 27 fev. 2019.

Resolução nº 36, de 19 de dezembro de 2012. Dispõe sobre a adoção das diretrizes para a gestão arquivística do correio eletrônico corporativo pelos órgãos e entidades integrantes do Sistema Nacional de Arquivos – Sinar. Disponível em: <http://conarq.arquivonacional.gov.br/resolucoes-do-conarq/278-resolucao-n-36,-de-19-de-dezembro-de-2012.html>. Acesso em: 22 nov. 2019.

Resolução nº 37, de 19 de dezembro de 2012. Aprova as diretrizes para a presunção de autenticidade de documentos arquivísticos digitais. Disponível em: <http://conarq.gov.br/resolucoes-do-conarq/279-resolucao-n-37-de-19-de-dezembro-de-2012.html>. Acesso em: 27 fev. 2019.

Resolução nº 39, de 29 de abril de 2014. Estabelece diretrizes para a implementação de repositórios arquivísticos digitais confiáveis para o arquivamento e manutenção de documentos arquivísticos digitais em suas fases corrente, intermediária e permanente, dos órgãos e entidades integrantes do Sistema Nacional de Arquivos – Sinar. Disponível em: <http://conarq.gov.br/resolucoes-do-conarq/281-resolucao-n-39-de-29-de-abril-de-2014.html>. Acesso em: 27 fev. 2019.

7

Preservação de documentos arquivísticos

Adriana Cox Hollós
Ozana Hannesch

Introdução

Os arquivos procuram, desde sempre, promover a preservação de seus acervos conservando-os em boas condições de guarda e manuseio pelo maior tempo possível. Porém, o tema da preservação de acervos arquivísticos não se esgota nessas questões, estendendo-se também às seguintes perguntas: o que tratar? Por que e como tratar?

Quando se pensa em preservação de acervos arquivísticos, devem-se levar em consideração os seguintes aspectos que influenciarão a abordagem a ser adotada: (1) quando não foi realizada a gestão nos arquivos corrente, intermediário e permanente, é difícil garantir decisões mais ajustadas de preservação; (2) a ausência de ações preventivas e adequadas em grande parte do seu ciclo de vida, e mesmo após o recolhimento, frequentemente compromete sua conservação; (3) a profusão de formas e formatos contribui para o surgimento de problemas específicos de manutenção e permanência em longo prazo; (4) os grandes volumes acumulados sem tratamento adequado fazem com que as escolhas se tornem difíceis, uma vez que a adoção de soluções quase sempre envolve altos custos.

Em outra abordagem, os documentos arquivísticos são únicos, embora se possa promover sua reprodução para fins de uso e preservação. Nesse caso, aceita-se que o conteúdo informacional é mais importante que sua configuração junto à base material na qual está circunscrito. Apresenta-se assim a possibilidade de afirmar que o que não está em boas condições de conservação pode ser reproduzido e descartado. Contudo, com frequência, as escolhas do que deve ser reformatado, conservado ou restaurado não são apenas definidas (frequentemente não o são) pelo estado de deterioração do documento ou por sua possibilidade de reprodução e descarte. Nessas decisões somam-se outros critérios e variáveis, por exemplo, a importância do documento ou acervo, seu uso em uma exposição e a existência de exemplares ou da informação em outros formatos.

Então, na preservação de documentos de arquivo recorremos a diferentes metodologias para tratar as distintas situações de deterioração ou perda que acometem esses acervos (sejam eles analógicos ou digitais, textuais ou não), visando resguardar às futuras gerações informação e conteúdo que lhes possibilitem, a partir deles, refletir, entender, criticar e/ou produzir novos conhecimentos. A preservação deve, portanto, ser considerada uma noção do tipo "guarda-chuva",[1] que abarca, entre outras ações, a conservação, a restauração, a microfilmagem, a digitalização e as ciências[2] da conservação; áreas que possuem interface e lhe dão um caráter multidisciplinar. Além disso, a preservação possui também uma forte conotação administrativo-gerencial, direcionada aos recursos financeiros, humanos e materiais e aos processos de trabalho, estando implicada ainda nos resultados da documentação,[3] legislação pertinente e segurança do acervo.

---

1 A figura de "guarda-chuva" como ilustração da preservação é atribuída a Lisa Fox, administradora de programas de preservação no Arquivo do Estado de Missouri, EUA. Cada um dos gomos representa uma atividade que, quando realizada, possibilita alcançar e garantir a preservação dos acervos arquivísticos. A ilustração do guarda-chuva também é associada à proteção, como símbolo colocado em caixas de transporte, podendo ser utilizada também como ampliação para o termo salvaguarda.

2 Várias áreas da ciência que oferecem o aporte necessário às tomadas de decisão relativas à conservação preventiva e à intervenção nos materiais que constituem os documentos de arquivo. No caso, a ciência da conservação incorpora os saberes e as práticas da entomologia, microbiologia, climatologia, ciência dos materiais, química e física, somente para citar algumas.

3 Refere-se à documentação produzida durante os tratamentos técnicos de processamento e conservação.

Não devemos esquecer que os documentos de arquivo refletem o contexto para o qual foram criados e, por isso, têm uma organicidade que lhes confere seu caráter representativo, isto é, que lhes dá significado. O arquivo possui, portanto, um valor imaterial além do seu conteúdo histórico, intelectual e informativo, imbricando as perspectivas social, cultural e simbólica (Schellenberg, 1974:14-15). Desse ponto de vista, as ações de seleção, avaliação e destinação a que são submetidos são um processo fundamental para as atribuições de valor que implicam as tomadas de decisão referentes à noção de "guarda-chuva" da preservação. Os critérios de valor são uma das variáveis determinantes.

O objetivo deste capítulo não é esgotar os conceitos e práticas relativos à preservação de documentos de arquivo. Contudo, dirigimos o foco para uma parte mais específica de atuação relacionada com a disciplina conservação, como atividade preventiva e interventiva. Por esse motivo, os conceitos de preservação, conservação e restauração precisam estar claros, a fim de estabelecermos uma linguagem comum capaz de contribuir para o entendimento dos múltiplos significados que lhes são atribuídos no âmbito dos arquivos, evitando a adoção e apropriação confusa ou divergente.

Assim, serão apresentados os aspectos básicos relativos à conservação, à conservação preventiva e à restauração, mais especificamente aqueles dirigidos aos documentos gráficos, quais sejam: os documentos textuais analógicos em suporte papel, que não necessitam do auxílio de equipamentos para que sejam lidos e apreciados. É importante frisar, entretanto, que algumas das orientações aqui apresentadas no plano teórico também podem ser utilizadas para outros tipos e gêneros documentais, tais como os documentos audiovisuais, sonoros, iconográficos, musicais, sejam eles analógicos ou digitais.

Incluímos também, neste texto, informações relativas às habilidades e competências que precisam ser desenvolvidas por arquivistas ou profissionais de arquivo para que eles sejam capazes de atuar em parceria com os conservadores na gestão de programas de preservação.

Definição dos termos e sua abrangência

Na literatura da área de arquivologia, bem como na biblioteconomia e na museologia, observam-se os esforços pela busca de um consenso quanto ao uso dos termos e conceitos relacionados às ações que envolvem a preservação dos acervos; porém, divergências ainda existem. Isso ocorre, por um lado, devido às especificidades de uso por diferentes idiomas e, por outro, pela dificuldade de clareza e delimitação dos conceitos de uso comum e de cada área de especialidade, uma vez que a preservação é, em sua essência, uma atividade multidisciplinar – em que diferentes profissionais de distintas disciplinas atuam. Outro motivo é o fato de a preservação de documentos de arquivo ser uma atividade especializada ainda em vias de ser apropriada pelos arquivistas e que é emergente no contexto atual.[4]

Embora já haja algumas referências internacionais, no Brasil não há ainda um consenso sobre um vocabulário comum. Dependendo do contexto, o termo "conservação" é utilizado ora como sinônimo de restauração, ora com um sentido de prevenção. Cita-se, como exemplo, o *Dicionário brasileiro de terminologia arquivística* (DBTA), que considera conservação a "promoção da preservação e da restauração dos documentos" (Arquivo Nacional, 2005:53). Ao contrário do que tem sido mais usual considerar e conforme já mencionado, a preservação abarca as atividades de conservação, seja curativa ou preventiva, além de microfilmagem, digitalização e as ciências da conservação.

---

[4] No Brasil, só nos últimos cinco anos foram criados, no mínimo, quatro mestrados profissionais que contemplam esse campo e que têm contribuído para formar um quadro técnico com alto nível de qualificação para atuar em preservação de acervos históricos e culturais. São exemplos: Mestrado Profissional em Preservação de Acervos de Ciência e Tecnologia (PPACT) – Museu de Astronomia e Ciências Afins (Mast); Mestrado Profissional em Preservação e Gestão do Patrimônio Cultural das Ciências e da Saúde – Casa de Oswaldo Cruz/Fiocruz; Mestrado Profissional em Memória e Acervos (PPGMA) – Fundação Casa de Rui Barbosa (FCRB); Mestrado Profissional em Preservação do Patrimônio Cultural do Instituto do Patrimônio Histórico e Artístico Nacional (Iphan). A despeito da existência desses mestrados, não há ainda nenhum curso de graduação ou pós-graduação voltado exclusivamente para a preservação digital; parte desse conteúdo vem sendo ministrado em disciplinas isoladas nos cursos de graduação.

Partindo então da noção de preservação como um conceito guarda-chuva, suas funções mais diretas são definidas da seguinte maneira:

- *Conservação*. É a atividade que se ocupa em prevenir ou retardar os processos de degradação a que os documentos estão sujeitos. Ela pode ser subdividida em:
  - conservação curativa: atividade que adota medidas interventivas para que o documento experimente o mínimo possível de alterações durante o maior tempo possível; nessa noção, inserem-se as atividades que beneficiam itens individuais do acervo, como a higienização e os pequenos reparos;
  - conservação preventiva: atividade destinada a favorecer a prevenção dos danos nos documentos e que se utiliza de estratégias para que o acervo como um todo seja preservado; citam-se como exemplos: o controle climático dos ambientes de guarda, o provimento ou substituição de embalagens, o controle integrado de pragas, o gerenciamento de riscos, o planejamento para atuação em emergência, entre outros.
- *Restauração*. É uma atividade interventiva especializada, que visa devolver ao documento danificado uma condição material, estética e funcional (de uso). Responde a critérios e princípios rígidos de documentação, controle e aplicação de materiais e técnicas, a fim de evitar ou mesmo impedir a adulteração e o falso histórico.
- *Microfilmagem*. Técnica fotográfica digital ou analógica utilizada para reproduzir a imagem do documento em um formato reduzido.
- *Digitalização*. Processo de conversão de um documento analógico para um formato digital por meio de dispositivos apropriados, como *scanners* e câmeras fotográficas.
- *Ciências da conservação*. Área voltada para a conservação de bens culturais, que estuda sua natureza material, desenvolvendo métodos de análise, datação e avaliação, bem como técnicas e processos de intervenção.

As ações de preservação envolvem a atuação de diferentes profissionais, divididos entre os gestores, a equipe técnica, as equipes de apoio e equipes transitórias. Os primeiros são aqueles responsáveis diretos pelos acervos, podendo compor também a equipe técnica. Os técnicos são os profissionais que realizam atividades de tratamento técnico. As equipes de infraestrutura e de serviços gerais integram a equipe de apoio. E os profissionais da equipe transitória são aqueles que têm alguma rotatividade na instituição, tais como estagiários, bolsistas, pesquisadores externos, entre outros. A clareza do conhecimento quanto ao pertencimento de cada um nessas equipes auxilia na definição dos níveis de responsabilidade na preservação compartilhada pelos profissionais.

Preservação de acervos arquivísticos

A adoção de práticas de preservação em arquivo pode ser verificada nos manuais arquivísticos publicados ainda no início do século XX, na Inglaterra e na Itália, sendo a preocupação com os edifícios de arquivo uma das condições identificadas para o alcance da preservação dos documentos.

Jenkinson (1922:47-48) escreveu sobre a importância de definir e seguir recomendações quanto à garantia de solidez da construção e de seu isolamento de outros imóveis na proximidade, e também quanto à acessibilidade e disposição adequada das áreas de serviço, numa clara preocupação com a segurança dos acervos e funcionalidade da edificação. Já Casanova (1928) aprofunda esse tema, incluindo informações relacionadas à estrutura necessária à edificação, e enfatiza a importância da qualidade do ambiente, manifestando preocupação quanto à inundação, à poluição e à proliferação de micro e macro-organismos, que tornam o espaço insalubre e inadequado à preservação dos documentos e afetam as pessoas envolvidas.

A atenção a tais requisitos explicita a noção de que o edifício precisa funcionar como envoltório de proteção do acervo, devendo uma nova construção ou adaptação de um edifício antigo ser pensada a partir de recomendações e critérios muito específicos para tal uso.

No Brasil, o Conselho Nacional de Arquivos (Conarq), por meio de sua Câmara Técnica de Conservação de Documentos, publicou, em 2000, as *Recomendações para a construção de arquivos*, em que apresenta uma série de orientações e aspectos a serem considerados para edificar, adequar e/ou reformar imóveis destinados a abrigar arquivos. Embora necessitando de uma atualização em partes do texto, esse documento ainda se mantém como boa fonte de referência para os profissionais de arquivo que precisam dialogar com arquitetos e engenheiros. Ainda no final da década de 1990, o projeto Conservação Preventiva em Bibliotecas e Arquivos publicou, em português, 53 textos técnicos da área de preservação, destacando as *Considerações sobre preservação na construção e reformas de bibliotecas*, de Michael Trinkley (2001), como outra referência relativa ao tema.

Em paralelo, razões de economia de espaço vêm influenciando a adoção de mobiliários deslizantes, compactando o acervo em áreas menores e garantindo o aumento da capacidade de armazenamento. Contudo, Montarinari, Pinzari e Ricco (2007) verificaram que nesse tipo de armazenagem frequentemente é identificada a ocorrência de fungos, o que pode ser devido à falta de ventilação dentro do mobiliário, ao comportamento higroscópico dos materiais que compõem os acervos e à sua alta suscetibilidade à umidade nas partes expostas (externas), entre outras causas. Assim, medidas de controle ambiental e de renovação do ar em mobiliário fechado e em áreas de depósito devem ser planejadas para mitigar[5] tais situações. Esses novos sistemas de armazenamento somam-se a mobiliários já conhecidos, como os armários, estantes, mapotecas e arquivos de estrutura variada, que acomodam diferentes tipos de unidades de arquivamento, como pastas, caixas, *folders*, envelopes, encadernados, entre outras soluções de acondicionamento, devendo-se considerar quais os mobiliários de que se dispõe, para que sejam compatíveis entre si.

---

[5] Sendo uma das opções a adoção de sistemas abertos (estantes).

Questões relativas à qualidade desses envoltórios de proteção têm sido foco de pesquisa científica[6] também no que se refere à emissão de poluentes e apontam para a definição do termo "qualidade arquivística", de acordo com a seguinte noção:

> [Qualidade arquivística] é uma expressão utilizada pelos especialistas em preservação para identificar uma série de propriedades que diferem de acordo com os materiais, mas que têm em comum o efeito de reduzir o impacto danificador dos ambientes ou do manuseio inadequado. Os invólucros de qualidade arquivística são os que não produzem danos químicos aos objetos, os que são resistentes à deterioração e fornecem proteção e apoio físicos [Ogden, 2001a:17].

Assim, embalagens servem de suporte auxiliar sólido para a proteção e apresentação de um documento ou conjunto de documentos. Protegem da luz, da poluição e das variações bruscas de temperatura e umidade, além de possibilitarem o manuseio com segurança, garantindo sua integridade física. Para isso, é necessário ter um padrão mínimo de qualidade, estabilidade e compatibilidade com o documento, a fim de que o material utilizado não se torne um agente de degradação.

Além disso, uma embalagem bem confeccionada pode auxiliar no estabelecimento de uma nova postura do usuário frente ao documento ou ao acervo, relativamente ao cuidadoso manuseio e uso. Contribui para isso a definição de alguns padrões e formatos específicos de embalagem que permitem sua produção em série, reduzindo custo e tempo de trabalho, favorecendo também o acesso a pequenos volumes e documentos específicos.

A encadernação de documentos avulsos é uma prática frequente na proteção e segurança contra a dissociação por perda ou roubo, e

---

[6] Três artigos importantes sobre o tema foram publicados no livro *Conservação: conceitos e práticas*, organizado por Marilka Mendes: Tímár-Balázsy e Eastop (2001); Tétreault (2001a, 2001b).

é preciso atentar para os critérios segundo os quais será produzida, em que tipo de documentos e com que materiais e técnicas. Tudo que seja agregado ao documento e que possa alterá-lo deve apoiar-se em princípios que serão apresentados mais adiante neste capítulo. Isso porque materiais de acondicionamento e/ou armazenagem podem ser emissores de poluentes ou produtos químicos nocivos, e tais preocupações[7] são estendidas aos mobiliários e aos componentes do edifício.

Por esse mesmo motivo, o encapsulamento dos documentos em plásticos é outro procedimento que deve ser criteriosamente avaliado. A ação resulta no isolamento do documento por meio de uma barreira, que é pouco ou quase nada permeável às trocas com o ambiente, o que pode inicialmente apresentar-se vantajoso. Porém, se o documento é a própria fonte de contaminação, por ser quimicamente instável, o fato de estar fechado em um microclima próprio agrava e concentra os elementos voláteis nocivos, acelerando o processo de degradação.

Deve-se considerar, ainda, o arranjo arquivístico em função dos padrões de embalagem e formatos dos documentos dentro de uma mesma tipologia de acervo. Assim, o arranjo intelectual pode diferir do arranjo físico por motivos de conservação. Desse modo, as "guias-fora" ou fichas de transferência são importantes para identificar ausências, evitando o problema de dissociação.

Portanto, a adoção de sistemas de acondicionamento e armazenagem deve ser apoiada em conhecimentos especializados da área de *design* e de tecnologia dos materiais, sendo considerada atividade crítica que pode ser danosa aos documentos quando não é bem elaborada.

A influência da umidade relativa e da temperatura nos documentos de arquivo é conhecida, estando essa informação já incorporada

[7] A umidade relativa, a temperatura, a iluminação e os poluentes encontrados nos ambientes internos podem acelerar as reações de deterioração, funcionando como catalisadores.

na literatura arquivística. Por essa razão, exercer o controle sobre os índices climáticos dentro dos locais de guarda torna-se uma tarefa indispensável para promover a preservação dos acervos. Mas, para que tal controle seja feito, é necessário conhecer as condições ambientais, as quais variam conforme: a região e a localização do arquivo; as condições e a estrutura da edificação; o isolamento e a disposição dos depósitos; a existência ou não de sistemas de condicionamento de ar, tais como refrigeração, desumidificação e ventilação.

O trabalho de monitoramento deve ser realizado por meio de equipamentos de medição da umidade absoluta, umidade relativa, fluxo e renovação do ar e ponto de orvalho (para citar os mais relevantes), orientado para o ambiente interno. No ambiente externo são importantes o índice pluviométrico e a direção e velocidade dos ventos, além da temperatura e da quantidade de água disponível no ar. Para a medição, utilizam-se psicrômetros, termo-higrômetros, termo-higrógrafos e/ou sensores digitais. Cada um desses equipamentos tem especificidades quanto ao seu uso, sendo que para coleta dos dados alguns exigem a anotação por parte de um técnico. Os termo-higrógrafos produzem gráficos diários, semanais ou mensais, em função de programação e folhas de registro específicas. Os sensores geralmente necessitam, para além do aparato tecnológico, de um software e de espaço lógico para armazenamento dos dados. É importante enfatizar que esses equipamentos necessitam de calibração e manutenção periódicas, a fim de que haja confiabilidade sobre os valores medidos.

A coleta constitui apenas o primeiro passo para identificar e mapear os índices. O segundo é a compilação e o tratamento desses dados, que, dependendo da forma como foram reunidos e coletados, resultam numa tarefa árdua de compilação e análise, sendo necessário o olhar de um profissional especializado. A etapa de monitoramento, embora contínua, encerra-se quando se tem a percepção de como se comportam a umidade relativa e a temperatura nas áreas de guarda. Porém, essa condição não é esgotada em um dia, semana, mês ou ano, embora uma visão do comportamento anual, que considera as sazonalidades, possa ser identificada como o marco para uma primeira análise. Entender esse comportamento vai permitir aos gestores e profissionais de arquivo mapear as potenciais causas de degradação do acervo, pois estes agentes promovem ação conjunta com a iluminação inadequada, poluentes e ataque biológico.

Nas décadas entre 1960 e 1990, os estudos[8] sobre temperatura e umidade relativa voltados para os acervos propunham parâmetros muito rígidos (denominados "níveis ideais") a serem alcançados para a conservação dos acervos em papel. Tais níveis foram disseminados em muitas publicações da área de arquivo, sendo revistos nas décadas seguintes por meio dos estudos realizados nos Estados Unidos e Canadá por Michalski (1995), Erhardt et al. (1995) e Reilly, Nishumura e Zinn (2001). Essas investigações orientaram as ciências da conservação para uma nova perspectiva: dirigir esforços à identificação de valores de temperatura e umidade relativa inadequados para os constituintes dos acervos em função de suas suscetibilidades ao meio.

Em 2016, Michalski propõe que a tomada de decisão sobre os parâmetros utilizados para o controle climático interno seja realizada por meio da negociação entre gestores, conservadores, arquitetos e engenheiros de cada instituição. As preocupações deveriam considerar a estabilização dos níveis de umidade relativa e temperatura. Assim, os melhores parâmetros climáticos são aqueles em que a diferença entre o maior e o menor índice de temperatura ou umidade relativa (amplitude térmica e higrométrica, respectivamente) seja pequena, devendo os níveis ser definidos em função da suscetibilidade do conjunto dos materiais constituintes que se encontram num mesmo espaço.

Outro agente de degradação que deve ser controlado é a incidência da luz, pois esta promove a oxidação dos materiais orgânicos, o esmaecimento ou o escurecimento dos suportes e tintas, a perda de resistência física da folha, o desprendimento ou rigidez de adesivos, entre outros danos. Dependendo do tipo de luz utilizado, o acervo será afetado de diferentes maneiras e em intensidades diversas, embora a

8 Como os de Coremans (1969) e Thomson (1986).

deterioração seja sempre irreversível, porque seu efeito é cumulativo. Além do tempo de exposição, a natureza e características dos materiais constituintes também definem sua vulnerabilidade. Do mesmo modo, as inadequadas condições climáticas e os poluentes ambientais influenciam os efeitos, tendo em vista que estes interagem, provocando ou acelerando as reações químicas.

A incidência de luz solar direta é uma das causas mais agressivas de danos, pois esta fonte de luz contém, agregada a sua intensidade, altas quantidades de radiação térmica (infravermelho) e radiação penetrante, denominada "ultravioleta" (que é muito energética). Tais radiações são invisíveis aos olhos humanos, mas seus efeitos podem ser verificados ao longo do tempo. Por esse motivo, é necessário medir os níveis de luz aos quais os documentos são submetidos, mesmo que seja por curto intervalo de tempo. Para realizar a medição, utilizam-se luxímetros e fotômetros, que irão fornecer dados acerca dos níveis de iluminância, que é medida em lux. Já a incidência de radiação ultravioleta é medida por meio de ultraviômetros, cuja unidade de medida é microwatts/lúmen.

No final da década de 1960, estudos recomendavam índices em torno de 50 lux para suportes em papel, considerando ainda que os níveis de ultravioleta não deveriam ser superiores a 75 microwatts/lúmen (Thomson, 1986). Contudo, na década subsequente, os limites de intensidade foram revisados por pesquisadores nos Estados Unidos e Canadá, identificando-se que não apenas a quantidade de luz, mas também os limites para exposição máxima deveriam ser estabelecidos em função da sensibilidade dos materiais constituintes dos acervos, definindo-se a quantidade máxima de exposição prevista em lux/hora. Colby (1992) e Michalski (1999) concluem, assim, que não existe um valor ótimo. Colby (1992:12) sugere os seguintes padrões: até 2.000 lux hora/ano para materiais de categoria 1,[9] 42.000 lux hora/ano para materiais de categoria 2; 84.000 lux hora/ano para materiais de

[9] Para maiores esclarecimentos, consultar Ogden (2001c:17) sobre a escala Blue Wool, apresentada na publicação do CPBA.

categoria 3. Já Michalski (1999) trata de duas questões principais: a acuidade visual e a taxa de deterioração, propondo quatro categorias, considerando a estabilidade dos corantes à luz: os fugidios, a 50 lux; os intermediários, de 50 a 200 lux; os duráveis e os permanentes, ambos entre 200-300 lux. A diferença está também no tempo de exposição. Embora esses valores possam ser aplicados aos documentos, chama-se atenção para o fato de que ambos os estudos são dirigidos aos corantes e tintas, havendo necessidade de considerar também os efeitos de exposição à luz sobre os constituintes do suporte papel, couro etc.

No que se refere à iluminação nas áreas de guarda, consulta e circulação do acervo, a qualidade da luz foi bastante alterada nos últimos anos com a introdução das lâmpadas de LED e disseminação dos filtros UV no mercado nacional. Já se sabe que o LED não emite radiação infravermelha nem ultravioleta, contudo ainda são necessários estudos mais aprofundados referentes ao quanto a quantidade de iluminância[10] desse tipo de fonte pode afetar os documentos expostos.

Não se pode deixar de mencionar a luz emitida por equipamentos de reprodução, uma vez que podem contribuir, em certa medida, para o esmaecimento de tintas ou amarelecimento do suporte. Quando bem planejado e executado, esse procedimento pode diminuir a exposição à luz do documento, bem como possibilitar que o original seja manuseado apenas em caso de necessidade extrema. Porém, é sempre bom lembrar que o exemplar reproduzido resulta num novo tipo de acervo a ser bem gerido e preservado, a fim de que seja evitada a periódica e contínua duplicação.

Os materiais orgânicos, dos quais se compõe a maior parte dos documentos de arquivo, são vulneráveis à ação dos agentes biológicos de distintas maneiras, as quais resultam em manchas, danos em propriedades estruturais ou destruição parcial e total dos suportes e/ou informação. A biodeterioração pode ocorrer ou por efeitos nocivos de reações químicas de enzimas e excrementos, ou por danos

---

[10] Diz-se que é a quantidade de luz dentro do ambiente, o mesmo que a intensidade de iluminação de uma fonte de luz.

físicos, devido à remoção ou consumo de partes do acervo, seja por necessidade comportamental (caso dos roedores), seja por questões de sobrevivência (alimento, reprodução ou abrigo). Os micro e macro-organismos deterioradores podem provocar grandes perdas de documentos nos edifícios de arquivo quando encontram condições ambientais internas propícias ao seu desenvolvimento. Tais condições referem-se à alta umidade relativa e/ou temperatura; à falta de ventilação e ao microclima inadequado em áreas fechadas ou estanques; ao acúmulo de poeira; à compactação de materiais especialmente próximos a paredes e sobre os pisos; ao uso de mobiliários e estruturas de madeira; a vestígios de restos alimentares e orgânicos, entre outras.

O monitoramento é um dos principais meios para identificar prontamente os problemas de origem biológica, o que permitirá a tomada de decisão imediata para debelar e controlar a proliferação e/ou a instalação desses agentes no ambiente ou acervos (Ogden, 2001b:12). Esse monitoramento pode ser exercido por meio de inspeções periódicas dos espaços de trabalho e de guarda dos documentos (em que se identificam a presença de espécimes adultos, excrementos, sinais de buracos, furos ou trilhas), bem como pela colocação de iscas específicas no ambiente, para obter um mapeamento dos locais, espécies e dimensão do problema a ser enfrentado. Essa etapa de trabalho deve ser registrada, a fim de compor um histórico da identificação e evolução do problema.

Contudo, a metodologia de controle integrado de pragas (CIP) prevê inúmeras etapas a serem cumpridas para a prevenção e a supressão do ataque biológico nos acervos arquivísticos, atuando: nos níveis de aceitação dos agentes agressores; em medidas que promovam barreiras e armadilhas mecânicas e físicas que impeçam a entrada ou criem um ambiente desfavorável ao desenvolvimento e proliferação desses agressores; na melhoria das condições de limpeza e ordenamento do ambiente e acervo; no estabelecimento de métodos de erradicação mais adequados, quando um problema for identificado, incluindo, nestes casos, métodos de tratamento químico e não químico (Ogden, 2001b; Pinniger, 2008; Callol, 2013). Essas ações não são empregadas de maneira isolada, mas compõem um plano que deve considerar as características do acervo, do edifício e da utilização que se dá às coleções e envolver toda a equipe, seja ela técnica, administrativa ou de apoio.

Além disso, o CIP deve prever o combate às três fontes do problema: as pragas ativas, os ovos (a reprodução) e o acesso para dentro dos arquivos. Nesse sentido, a criação de áreas de quarentena para a recepção de acervos recém-incorporados (recolhidos ou adquiridos) é uma das ações importantes para que o controle seja promovido. O bom controle passa também pela adequada manutenção das áreas circundantes, bem como pela proteção da equipe por meio de equipamento de proteção individual (EPI), tendo em vista que muitos dos agentes biodeterioradores podem ser nocivos ao homem, pois deixam o ambiente insalubre e lhe causam doenças que podem levar a óbito.

No que se refere ao homem, por outro lado, este pode ser um agente de deterioração quando da movimentação e do acesso aos documentos. Por isso, essas ações também precisam de atenção, a fim de se evitarem danos físicos devido ao manuseio e transporte inadequados, situações que estão também presentes nos casos de sinistros como fogo, infestações e inundações, e se tornaram bastante comuns atualmente. Assim, deve-se prover a garantia de segurança física, pensando nos procedimentos relacionados ao acesso aos acervos e às diferentes áreas da instituição.

Muitas das situações que envolvem a relação entre preservação e acesso estão no âmbito da segurança dos acervos e da garantia de vigilância contínua. A fim de evitar constrangimentos e ruídos entre usuários e técnicos sobre vários procedimentos indesejáveis para com o acervo, é importante estabelecer e tornar públicas as normas de consulta, manuseio e reprodução, bem como exercer o controle sobre o acesso, com o cadastramento do usuário e registro dos documentos consultados ou reproduzidos. Essas estatísticas de acesso também possibilitam uma análise mais efetiva das necessidades de tratamento dos fundos arquivísticos mais consultados, favorecendo uma tomada de decisão bem instruída.

A relação entre segurança e acesso, ademais, possibilita apontar dois outros procedimentos: a conferência / revisão dos documentos e a utilização de "guias-fora", para evitar o arquivamento equivocado. Importa destacar que todas essas ações encontram-se no âmbito da conservação preventiva, uma vez que atuam no acervo como um todo. Em seguida, serão apresentadas as atividades concernentes à conservação e à restauração.

Pela perspectiva de adoção de ações de conservação curativa ou restauração, condições referentes à infraestrutura da instituição precisam ser analisadas e consideradas. Os tipos de serviço a serem implementados, os limites de atuação delineados e a necessidade de formação e capacitação especializada do profissional devem ser previstos por meio da definição de uma política de preservação, a qual irá estabelecer os programas de conservação para os diferentes fundos documentais. Parte dessa política deve incluir critérios definidores da atuação desses serviços, em função da especificidade de cada tipo de documento, considerando os valores a ele imputados.

Como princípios gerais de intervenção, a disciplina conservação tem critérios consolidados ao longo de sua trajetória, os quais serão apresentados abaixo, de forma pontual e não exaustiva:

- mínima intervenção;
- inserção de materiais de qualidade comprovada;
- possibilidade de remoção e retratabilidade[11] posterior;
- documentação de todas as fases do tratamento: antes, durante e depois.

Anteriormente, verificava-se nos manuais e literatura da área de arquivos a indicação de uma série de procedimentos definidos no âmbito da restauração, que desde o final do século XX passaram a ser obsoletos e criticados a partir do advento das ciências da conservação,

[11] Diz-se da possibilidade de tratar novamente o mesmo documento.

quais sejam: o clareamento de documentos antigos; o uso de plásticos para laminação;[12] a colocação de uma folha suporte no meio do documento, montando as duas faces internas sobre outro papel; a remoção de montagens históricas mesmo que nocivas, entre outras técnicas consideradas inadequadas.

Com os conhecimentos científicos trazidos à luz dos dias atuais, verifica-se que mesmo um banho aquoso controlado, a aplicação de umidade numa folha ou, ainda, uma higienização superficial podem prejudicar o documento e afetar sua resposta ao ambiente. Isso quer dizer que tais procedimentos podem provocar efeitos adversos ao documento, tornando-o mais suscetível à absorção de umidade e poluentes ou permitindo o espalhamento de produtos de degradação de forma homogênea no suporte. Do mesmo modo, essa alteração, ainda que tenha sido realizada para promover a preservação, tem como resultado a remoção ou acréscimo de materiais constituintes. Tais circunstâncias possibilitam afirmar que, com a ação de conservação e restauração, alguma perda de informação pode ocorrer. Por este motivo, os procedimentos de conservação devem sempre ser executados apenas por profissionais especialistas, isto é, por conservadores-restauradores, e atendendo aos princípios éticos profissionais da conservação.

Planejamento em preservação

Antes, porém, de se decidir qual tipo de procedimento técnico deve ser realizado em um dado documento, os profissionais de arquivo devem investir no planejamento de um programa de preservação. Essa será a oportunidade de proceder à seleção de prioridades, fazer um diagnóstico mais exato dos problemas existentes e definir estratégias e custos de preservação.

---

12 Procedimento no qual se adere integralmente outro suporte ao verso de um documento danificado a fim de lhe juntar partes rasgadas, preencher lacunas e lhe conferir condições de manuseio.

A formulação de um programa de preservação documental depende do conhecimento das condições a que o acervo está sujeito em função da região em que está localizado, de sua infraestrutura e dos recursos humanos e financeiros disponíveis. Tal programa depende também de dados obtidos a partir de um levantamento detalhado da instituição, do(s) valor(es) e uso(s) do acervo, bem como dos riscos de degradação e perda de valor a que está sujeito.

Nos últimos anos, o International Centre for the Study of the Preservation and Restoration of Cultural Property (ICCROM), em parceria com o Canadian Conservation Institute (CCI) e o Netherlands Institute for Cultural Heritage (ICN), entre outras instituições voltadas para a pesquisa e a capacitação profissional em diferentes países, dedicou-se à adaptação de um método de análise e gerenciamento de riscos, direcionado à área de preservação do patrimônio cultural. Essa metodologia científica vem sendo cada vez mais utilizada para a seleção de prioridades e definição de estratégias em preservação de acervos documentais. Ela permite o estabelecimento do contexto, a identificação, análise, avaliação e tratamento dos riscos em relação aos 10 agentes que degradam os acervos[13] para relacioná-los com seus envoltórios de proteção, quais sejam: a região em que o arquivo está localizado, o edifício e os depósitos que abrigam os documentos, bem como o mobiliário e as embalagens.[14]

De forma complementar, deve-se também (re)conhecer o estado de conservação do acervo e suas tecnologias de fabricação, bem como os mecanismos de degradação e vulnerabilidades. Há metodologias de diagnóstico[15] para o levantamento individual dos itens documentais

---

[13] Os 10 agentes de deterioração são: forças físicas; fogo; água; pestes; poluentes; luz/ultravioleta; temperatura incorreta; umidade relativa incorreta; ações criminosas; dissociação. Ver Hollós e Pedersoli Junior (2009).

[14] Adaptado da primeira versão do *Manual de gestión de riesgo de colecciones*, publicado pelo ICCROM-Unesco, em 2009. Disponível em: <https://unesdoc.unesco.org/ark:/48223/pf0000186240>. Acesso: mar. 2019.

[15] Informações sobre alguns dos métodos utilizados podem ser consultadas no *Manual de diagnóstico de conservação de acervos arquivísticos e bibliográficos* (Ibram, 2014a) e em Hannesch e Granato (2015).

bem como métodos estatísticos por amostragem para acervos volumosos, que devem ser apoiados em quadros de classificação, vocabulário controlado e exames técnico-científicos. Finalizada essa etapa de levantamento, é fundamental que os dados obtidos sejam registrados e analisados de forma precisa e sistemática para instruírem as decisões para o Programa de Preservação do Acervo. Essa sistematização é realizada e complementada a partir das estatísticas disponíveis, registros de ocorrência, regimentos e normas internos, quando se identificam necessidades, oportunidades, capacidades e possibilidades.

Uma vez concluída a compilação, análise e avaliação, parte-se para a elaboração do programa propriamente dito, buscando responder às seguintes questões: o que fazer? Qual o objetivo a ser alcançado? Qual a sua relevância? Como fazer? Quanto vai custar? Por que é prioritário para tratamento? Há recursos financeiros, materiais e humanos aptos e disponíveis? A fim de aprofundar os conhecimentos acerca da elaboração de programas de preservação, recomenda-se a leitura das seguintes fontes: *Política de preservação de acervos culturais* (Mast, 1995); *Programa de planejamento de preservação* (Merrill-Oldham e Scott, 2001); *Política de segurança para museus, bibliotecas e arquivos* (Mast, 2006); *Guia para elaboração de políticas de preservação para acervos arquivísticos e bibliográficos* (Ibram, 2014b).

Essas publicações, disponíveis em língua portuguesa, contêm subsídios para que o gestor seja capaz de decidir qual a melhor abordagem a ser adotada diante de determinado problema de preservação do acervo. Contudo, como já mencionado, agregado ao conhecimento curatorial do acervo, é muito importante ter um conhecimento técnico prévio das causas e dos danos decorrentes dos processos de degradação, para então estabelecer e implementar ações mais adequadas à preservação dos acervos. Assim, o profissional deve se comprometer a participar de programas de formação continuada, bem como adotar soluções sustentáveis, que possuam uma boa relação entre custo e benefício, além de saber prever o alcance dos resultados esperados.

Quanto à questão relativa ao porquê de determinadas decisões em detrimento de outras, cabe refletir sobre o processo de atribuição de valor e significância do documento, que implica a seleção de prioridades de *o que* e *como* deverá ser tratado. Entretanto, justificar o motivo de fazer essa ou aquela ação não é simples. Como já mencionado no início deste texto e reforçado aqui, o arquivista tem papel fundamental no processo de atribuição de significância, estabelecendo o valor histórico, intrínseco, informativo, legal e probatório, entre outros. Dessa forma, o documento de arquivo deve ser compreendido como portador de distintos significados ou sentidos; inclusive podem lhe ser agregados novos valores pouco usuais, tais como o estético, o comercial, o associativo. Mas que implicações tem a identificação desses valores? Por meio deles, será possível estabelecer justificativas claras sobre os procedimentos e ações a serem realizados individualmente ou em conjunto.

Frente às tecnologias digitais na produção, uso e disseminação de documentos digitalizados ou nascidos digitais, os arquivistas precisam buscar cada vez mais uma formação profissional para atuar não somente nas áreas de processamento técnico e descrição arquivística, com vistas à recuperação da informação, mas fundamentalmente estabelecer diálogos interdisciplinares com a área da tecnologia da informação, a fim de obter conhecimentos específicos que os habilitem a lidar com a gestão de dados.

Além dessas habilidades e competências na área digital, os arquivistas e os profissionais de arquivo que trabalham em estreita colaboração com os conservadores e restauradores devem, portanto:

- conhecer os problemas, analisar e propor estratégias sustentáveis de enfrentamento dos desafios para a conservação de documentos de arquivo, considerando os critérios éticos e princípios referentes à preservação;
- zelar pela adoção de metodologias e critérios apoiados em estudos científicos, especialmente durante os processos de conservação e restauração, reconhecendo os limites de seus conhecimentos (teórico e prático);

- buscar apoio no profissional especializado para compreender os resultados dos diagnósticos do acervo, a fim de garantir a adequada tomada de decisão quanto ao tratamento a ser solicitado ou contratado;
- atuar de modo integrado em equipes interdisciplinares, promovendo o diálogo e a troca de conhecimento com as demais áreas.

Considerações finais

Na última década, a preservação de acervos tem sido cada vez mais valorizada, não somente para a história e a memória, mas também para todas as áreas do conhecimento que acorrem aos arquivos em busca de informações relevantes para seu desenvolvimento. Assim, os arquivistas devem ser capazes de identificar e compreender a gestão dos arquivos em sua totalidade. Devem também olhar para o futuro, identificando o valor e o uso potenciais do conjunto de documentos que têm hoje sob sua responsabilidade.

Importa destacar que a preservação de documentos de arquivos não deve ser concebida meramente pela aplicação pura e simples de métodos operacionais de valoração e seleção. Do mesmo modo, cada decisão de conservação – higienizar ou restaurar um documento, reforçar sua estrutura etc. – afeta o modo como o documento ou o arquivo é percebido, compreendido e utilizado no presente e como será transmitido ao futuro (Avrami, Mason e Torres, 2000:8). Por isso, no trabalho de preservação, o arquivista nunca está sozinho. Estão ali também os especialistas da conservação-restauração, bem como tecnologistas da informação, administradores, entre outros profissionais, e mesmo os usuários. Parte da tarefa dos profissionais que atuam na preservação é compartilhar experiências e responsabilidades, a fim de estabelecerem um diálogo interdisciplinar que favorecerá uma tomada de decisão mais equilibrada e adequada para a preservação de acervos arquivísticos no presente e no futuro.

Em síntese, cabe ressaltar que um programa de preservação deve contar com a participação de diferentes perfis profissionais e requer distintas abordagens, sendo que cada um desses profissionais envolvidos deve estar apto a contribuir para esse diálogo interdisciplinar a fim de garantir o acesso continuado aos documentos de arquivos pelo máximo de tempo possível.

Diante das inúmeras mudanças pelas quais passou e passa a atividade de preservação na última década, considera-se necessária uma reflexão mais crítica sobre como se está conseguindo contemplar e tornar possíveis as múltiplas visões e discursos que podem advir dos arquivos.

Referências

ARQUIVO NACIONAL. *Dicionário brasileiro de terminologia arquivística*. Rio de Janeiro: Arquivo Nacional, 2005. (Publicações Técnicas, n. 51). Disponível em: <www.arquivonacional.gov.br/images/pdf/Dicion_Term_Arquiv.pdf>. Acesso em: 20 fev. 2019.

AVRAMI, Erica; MASON, Randall; TORRES, Marta de la. Report on research: the spheres and challengers of conservations. In: ____; ____; ____ (Ed.). *Values and heritage conservation*. Los Angeles: The Getty Conservation Institute, 2000. p. 3-11.

CALLOL, Milagros Vaillant. *Biodeterioração do patrimônio histórico documental*: alternativas para eliminação e controle. Rio de Janeiro: Museu de Astronomia e Ciências Afins, Fundação Casa de Rui Barbosa, 2013.

CASANOVA, Eugenio. *Archivística*. 2. ed. Siena: Stab Arti Grafiche Lazzeri, 1928. Disponível em: <http://archivi.beniculturali.it>. Acesso em: mar. 2019.

COLBY, K. M. Suggested exhibition policy for works of art on paper. *Journal of IIC-CG*, v. 17, p. 3-13, 1992.

CONSELHO NACIONAL DE ARQUIVOS (CONARQ). *Recomendações para a construção de arquivos*. Rio de Janeiro: Conarq, Câmara Técnica de

Conservação de Documentos, 2000. Disponível em: <http://conarq.gov.br/images/publicacoes_textos/recomendaes_para_construo_de_arquivos.pdf>. Acesso em: 20 mar. 2019.

COREMANS, Paul. Clima y microclima. In: ICCROM. *La conservación de los bienes culturales*: con especial referencia a las condiciones tropicales. Roma: Unesco, 1969. p. 31-44. (Serie Museos y Monumentos, XI).

ERHARDT, D. et al. Deteminación de las fluctuaciones permisibles de humedad relativa. *Boletín Apoyo*, v. 6, n. 1, p. 6-8, 1995. Disponível em:<http://apoyonline.org/wp-content/uploads/2015/11/1995-Bolet%C3%ADn-14-DETERMINACI%C3%93N-DE-LAS-FLUCTUACIONES-PERMISIBLES-DE-HUMEDAD-RELATIVA.pdf>. Acesso em: 22 mar. 2019.

HANNESCH, O.; GRANATO, M. A conservação-restauração de documentos arquivísticos: reflexões sobre a tarefa de avaliação e priorização. In: GRANATO, M. (Org.). *Museologia e patrimônio*. Rio de Janeiro: Museu de Astronomia e Ciências Afins, 2015. (Mast: 30 anos de pesquisa, v. 1). Disponível em: <http://site.mast.br/hotsite_mast_30_anos/pdf/capitulo_07.pdf>. Acesso em: 20 mar. 2019.

HOLLÓS, Adriana; PEDERSOLI JUNIOR, José Luiz. Gerenciamento de riscos: uma abordagem interdisciplinar. *Ponto de Acesso*, Salvador, v. 3, n. 1, p. 72-81, abr. 2009. Disponível em: <http://portalseer.ufba.br/index.php/revistaici/article/view/3314/2424>. Acesso em: 20 mar. 2019.

ICCROM-UNESCO. *Manual de gestión de riesgo de colecciones*. Roma: ICCROM, 2009. (CLT/CIH/HCO/PART/6). Disponível em: <https://unesdoc.unesco.org/ark:/48223/pf0000186240>. Acesso em: 20 mar. 2019.

INSTITUTO BRASILEIRO DE MUSEUS (IBRAM). *Manual de diagnóstico de conservação de acervos arquivísticos e bibliográficos*. Brasília: Centro Nacional de Estudos e Documentação da Museologia, 2014a. (Col. ArqMuseus/BiblioMuseus, 1).

_____. *Guia para elaboração de políticas de preservação para acervos arquivísticos e bibliográficos*. Brasília: Centro Nacional de Estudos e

Documentação da Museologia, 2014b. (Col. ArqMuseus / BiblioMuseus, 2).

JENKINSON, Hilary. *A manual of archive administration*. Oxford: Claredon, 1922. Disponível em: <http://archive.org/details/manualofarchivea00jenkuoft>. Acesso em: 20 mar. 2019.

MERRILL-OLDHAM, J.; SCOTT, J. Reed. *Programa de planejamento de preservação*: um manual para autoinstrução de bibliotecas. Rio de Janeiro: Projeto Conservação Preventiva em Bibliotecas e Arquivos: Arquivo Nacional, 2001. (CPBA, 37).

MICHALSKI, S. Directrices de humedad relativa e temperatura. ¿Que está pasando? *Boletín Apoyo*, v. 6, n. 1, p. 5-10, 1995. Disponível em: <http://apoyonline.org/wp-content/uploads/2015/11/1995--Bolet%C3%ADn-15-DIRECTRICES-DE-HUMEDAD-RELATIVA-Y--TEMPERATURA-QUE-ESTA-PASANDO.pdf>. Acesso em: 19 mar. 2019.

_____. Normas vigentes sobre iluminación: un equilibrio explicito de visibilidad *vs*. vulnerabilidad. *Boletín Apoyo*, v. 9, n. 2, p. 7, inverno 1999.

_____. Introduction. In: MICHALSKI, Stefan. *Climate guidelines for heritage collections*: where we are in 2014 and how we got here. Otawa: CCI, 2016. p. 9-28.

MONTARINARI, Mariasanta; PINZARI, Flavia; RICCI, Milena. Molds on books, stored on "compactus shelves": a casy study. In: PADFIELD, Tim; BORSHERSEN, Karen (Ed.). *Abstracts of posters at the Conference Copenhagen Museum microclimates*. 19-23 nov. 2007. Copenhague: The National Museum of Denmark, 2007. p. 14-16. Disponível em: <https://natmus.dk/fileadmin/user_upload/natmus/bevaringsafdelingen/billeder/M_M/Museum_Microclimate/Proceedings/poster-bog-150.pdf>. Acesso em: 20 mar. 2019.

MUSEU DE ASTRONOMIA E CIÊNCIAS AFINS (MAST). *Política de preservação para acervos institucionais*. Rio de Janeiro: Mast, 1995.

_____. *Política de segurança para museus, bibliotecas e arquivos*. Rio de Janeiro: Mast, 2006.

OGDEN, Sherelyn. A escolha de invólucros de qualidade arquivística. In: _____ (Ed.). *Armazenagem e manuseio*. Rio de Janeiro: Arquivo Nacional, Projeto Conservação Preventiva em Bibliotecas e Arquivos (CPBA), 2001a. p. 17-20. (Caderno Técnico n. 1-9). Disponível em: http://arqsp.org.br/wp-content/uploads/2017/08/1_9.pdf>. Acesso em: 19 mar. 2019.

_____. Controle integrado de pragas. In: _____ (Ed.). *Emergência com pragas em arquivos e bibliotecas*. Rio de Janeiro: Arquivo Nacional, Projeto Conservação Preventiva em Bibliotecas e Arquivos (CPBA), 2001b, p. 7-16. (Caderno Técnico n. 26-29). Disponível em: <http://arqsp.org.br/wp-content/uploads/2017/08/26_-29.pdf>. Acesso em: 19 mar. 2019.

_____. (Ed.). *Meio ambiente*. 2. ed. Rio de Janeiro: Arquivo Nacional, Projeto Conservação Preventiva em Bibliotecas e Arquivos (CPBA), 2001c. (Caderno Técnico n. 14-17). Disponível em: <http://arqsp.org.br/wp-content/uploads/2017/08/14_17.pdf>. Acesso em: 19 mar. 2019.

PINNIGER, David. *Controlo de pragas em museus, arquivos e casas históricas*. Lisboa: Biblioteca Nacional de Portugal, 2008. (Publicações Técnicas: Preservação e Conservação, n. 6).

REILLY, J. M.; NISHUMURA, D. W.; ZINN, E. *Novas ferramentas para preservação*: avaliando os efeitos a longo prazo sobre coleções de bibliotecas e arquivos. Rio de Janeiro: Arquivo Nacional, Projeto Conservação Preventiva em Bibliotecas e Arquivos (CPBA), 2001. (Caderno Técnico n. 19). Disponível em: <http://arqsp.org.br/wp-content/uploads/2017/08/19.pdf>. Acesso em: 19 mar. 2019.

SCHELLENBERG, Theodore R. *Arquivos modernos*: princípios e técnicas. 2. tir. Rio de Janeiro: FGV Ed., 1974.

TÉTREAULT, Jean. Materiais de exposição: os bons, os maus e os feios. In: MENDES, Marilka et al. (Org.). *Conservação*: conceitos e práticas. Rio de Janeiro: Ed. UFRJ, 2001a. p. 95-112

_____. Materiais de construção, materiais de destruição. In: MENDES, Marilka et al. (Org.). *Conservação*: conceitos e práticas. Rio de Janeiro: Ed. UFRJ, 2001b. p. 113-139.

THOMSON, Gary. *The museum environment*. 2. ed. Londres: Butterworth--Heinemann, 1986.

TÍMÁR-BALÁZSY, Agnes; EASTOP, Dinah. Materiais de armazenagem e exposição. In: MENDES, Marilka et al. (Org.). *Conservação*: conceitos e práticas. Rio de Janeiro: Ed. UFRJ, 2001. p. 141-184.

TRINKLEY, Michael. *Considerações sobre preservação na construção e reformas de bibliotecas*. Rio de Janeiro: Arquivo Nacional, Projeto Conservação Preventiva em Bibliotecas e Arquivos (CPBA), 2001. (Caderno Técnico n. 38). Disponível em: <http://arqsp.org.br/wp-content/uploads/2017/07/38.pdf>. Acesso em: 23 mar. 2019.

8

O gerenciamento arquivístico

Welder Antônio Silva

Ao iniciar este capítulo, é importante deixar claro que a ótica da abordagem ora apresentada rompe com os rótulos burocráticos, patrimonialistas e tecnicistas de uma arquivística imaginada por boa parte da sociedade e pensada e praticada por alguns arquivistas ou não.

Propõe-se aqui uma nova postura profissional de que, em nosso ponto de vista, o arquivista contemporâneo precisa se apropriar. Não estamos falando de um "arrumador de documentos", muito menos de um "guardião dos documentos" ou "conservador de documentos". Estamos falando de um arquivista proativo, que não está "escondido atrás das estantes do depósito de arquivo" esperando um dia ser notado. Também não estamos nos referindo a um arquivista estritamente teórico nem a um arquivista estritamente prático, mas a um profissional que enfrenta desafios complexos e propõe soluções e indicações juntando a teoria à prática e interpretando a realidade instalada pelas conjunturas e contextos em que seus objetos de trabalho (os documentos arquivísticos e os arquivos)[1] se encontram. Um profissional

[1] No âmbito deste capítulo, entende-se arquivo como "o conjunto de documentos, independente do suporte, gênero, formato e natureza do assunto, produzidos e recebidos, naturalmente, por uma pessoa física ou jurídica, no decurso da sua existência, tendo em vista o exercício das suas funções, atividades ou procedimentos; reunidos, organizados e preservados, mediante princípios e metodologia científica, e gerenciados por profissional qualificado, para servirem, em um primeiro momento, ao produtor ou a qualquer pessoa interessada, como prova administrativa, jurídica e/ou financeira (valor primário) e, em um segundo momento, após a realização de um processo de avaliação, como testemunho e como fonte de informação do que já foram provas (valor secundário)" (Silva, 2017:45).

cuja formação de natureza técnico-científica é construída no bojo das ciências socialmente aplicadas, que possui um conhecimento especializado necessário para fomentar os esforços intelectuais e a visão holística essencial para atuar de forma proativa na criação, na gestão, na preservação dos documentos arquivísticos sob sua responsabilidade e no acesso pleno a eles. Que entende a essência dos documentos arquivísticos (propriedades de evidência e autenticidade), assim como suas funções, seus valores e seus potenciais de uso nos contextos e dimensões (políticas, sociais, culturais, econômicas, administrativas, individuais, coletivas, públicas, privadas etc.) em que são gerados, estruturados, administrados e interpretados.

Diante do exposto, as linhas que se seguem têm por escopo o *gerenciamento arquivístico*, que no nosso entendimento constitui uma das competências essenciais do bacharel em arquivologia.

Habilidades e elementos que compõem o gerenciamento arquivístico

O gerenciamento arquivístico consiste em planejar, organizar, dirigir e controlar os seguintes elementos:

- *as funções arquivísticas*: (1) atividades técnicas relativas aos arquivos e documentos arquivísticos; (2) regulamentação dos processos, procedimentos, métodos e diretrizes; (3) elaboração de instrumentos técnicos e instrumentos de controle arquivístico;
- *os recursos operativos*: (1) os espaços (físicos e digitais); (2) mobiliários e equipamentos; (3) equipes técnicas; (4) seus respectivos custos – necessários para a execução das funções arquivísticas;
- *os serviços arquivísticos*: (1) serviços técnicos; (2) serviços destinados aos usuários (internos e externos), em que as funções arquivísticas serão executadas e os recursos operativos serão alocados;

- *o modelo de funcionamento e governança*: lógica de funcionamento e governança das estruturas orgânicas encarregadas dos serviços e funções arquivísticas do ambiente considerado.

Em relação às funções arquivísticas, é importante explicar que elas compreendem um conjunto de atividades técnicas (figura 1), contínuas, dinâmicas, integradas e interdependentes relativas aos arquivos e que compõem o ciclo de vida dos documentos, sejam eles analógicos ou digitais. Considerando os valores inerentes aos documentos arquivísticos (valor primário e valor secundário), a vigência dos mesmos e, consequentemente, seus potenciais de uso (prático/técnico/operativo, acadêmico/especulativo, informativo/popular etc.), os documentos arquivísticos são agrupados em idades documentais (arquivos correntes, arquivos intermediários e arquivos permanentes) com vistas a operacionalizar, racionalizar e sistematizar as funções arquivísticas, bem como promover, de forma efetiva (eficiente e eficaz), o pleno acesso e uso dos mesmos.

Algumas dessas funções são complexas e se desdobram em vários processos e procedimentos que precisam ser padronizados. Nesse sentido, devem-se definir, desenvolver e/ou indicar regulamentos (normas, regras), métodos e diretrizes (políticas, estratégias e princípios) a serem considerados.

Também existem aquelas funções que geram produtos de informações arquivísticas. Nesse caso, o objetivo dos produtos de informação arquivística é levar aos usuários (internos e/ou externos) informações úteis. Entre os produtos gerados para os usuários internos, temos os instrumentos técnicos e instrumentos de controle arquivístico, como manuais, planos, códigos, tabelas, esquemas, fluxogramas, informativos, instruções etc. Por sua vez, são exemplos de produtos de informações arquivísticas destinados a usuários externos as cartilhas, *folders*, folhetos, boletins, revistas, jornais, artigos, livros, cartazes, *sites* na internet, *blogs*, *fanpages*, vídeos, bancos e bases de dados etc. Cada tipo de produto de informação apresenta características específicas e tem objetivos diferenciados no atendimento aos usuários.

Figura 1

Funções arquivísticas e atividades técnicas relativas aos arquivos

<table>
<tr><td colspan="14">Acesso</td></tr>
<tr><td colspan="9">Gestão de documentos (gestão de arquivos correntes e gestão de arquivos intermediários – analógicos e digitais)</td><td colspan="5">Gestão de arquivos permanentes (analógicos e digitais)</td></tr>
<tr><td rowspan="3">Produção e recebimento</td><td colspan="5">Uso e manutenção</td><td colspan="3">Destinação</td><td rowspan="3">Recolhimento</td><td rowspan="3">Manutenção da classificação (arranjo intelectual)</td><td rowspan="3">Arquivamento e ordenação do(s) fundo(s) (arranjo físico)</td><td rowspan="3">Consulta</td><td rowspan="3">Disseminação e difusão editorial, cultural e educativa</td></tr>
<tr><td rowspan="2">Registro, autuação e controle</td><td rowspan="2">Classificação (arranjo intelectual)</td><td rowspan="2">Distribuição (movimentação e expedição)</td><td rowspan="2">Arquivamento e ordenação (arranjo físico)</td><td rowspan="2">Empréstimo e consulta</td><td colspan="3">Avaliação</td></tr>
<tr><td>Eliminação</td><td>Transferência</td><td>Recolhimento</td></tr>
<tr><td colspan="9">Descrição (representação e alimentação de plataformas de acesso)</td><td colspan="5">Descrição (representação, alimentação de plataformas de acesso e elaboração de instrumentos de pesquisa)</td></tr>
<tr><td colspan="14">Preservação (analógica e/ou digital) – acondicionamento – armazenamento</td></tr>
</table>

Fonte: elaboração do autor.

Nos serviços arquivísticos serão alocados os recursos operativos disponíveis ou possíveis para a execução das funções arquivísticas. Com relação aos serviços arquivísticos, no âmbito deste capítulo, entende-se que estes são unidades administrativas incumbidas de funções arquivísticas de uma organização/instituição (Silva, 2017:45). Ressalta-se que um serviço arquivístico pode compor tanto uma instituição pública quanto uma instituição privada, sendo ela uma instituição arquivística[2] ou não. No caso de instituições arquivísticas,

[2] No âmbito deste capítulo, entende-se instituição arquivística como "aquela organização cuja atividade-fim é a gestão, o recolhimento, a preservação e o acesso de acervos arquivísticos produzidos e recebidos por outras pessoas (físicas ou jurídicas) no exercício das suas atividades" (Silva, 2017:45).

seus serviços se configuram como atividades-fim, ao passo que, no caso de instituições não arquivísticas, se configuram como atividades-meio.

Em relação ao modelo/lógica de funcionamento e governança das estruturas orgânicas encarregadas das funções e serviços arquivísticos do ambiente considerado (uma ou mais instituições – arquivísticas ou não), estes podem se configurar no formato de sistema de arquivos ou de rede de arquivos.

Um sistema de arquivos consiste em um conjunto de entidades (serviços e/ou instituições públicas e/ou privadas) que executam funções arquivísticas, que são interdependentes (dependem umas das outras) e interagentes (exercem ação ou influência mútua) e que se relacionam entre si formando uma totalidade complexa no sentido de alcançar uma finalidade ou objetivo relativo aos arquivos e documentos arquivísticos, que é a própria razão de existência do sistema. Em um sistema, no processo de governança, independentemente da autonomia, as entidades integrantes estão reunidas sob a coordenação de um órgão central e organizadas em entradas, processos e saídas.

Uma rede de arquivos consiste em um conjunto de entidades (serviços e/ou instituições públicas e/ou privadas) que executam funções arquivísticas e que, de modo organizado, coordenado, integrado, articulado e padronizado, buscam alcançar, com o máximo de qualidade possível, a realização de objetivos comuns relativos aos arquivos e documentos arquivísticos. Esses objetivos podem compreender: (1) compartilhar informação e conhecimento relativos à criação, à gestão, à preservação dos arquivos e documentos arquivísticos; (2) tornar acessíveis arquivos e documentos arquivísticos; (3) desenvolver produtos de informação arquivística; (4) executar funções arquivísticas. Para tanto, a rede precisa ser organizada e constituída por padrões laterais e horizontais de intercâmbio, fluxos independentes de recursos e linhas recíprocas de comunicação. Ressalta-se que em uma rede, no processo de governança, é respeitado o grau de autonomia das entidades integrantes.

A figura 2 ilustra o gerenciamento arquivístico, habilidades decorrentes (planejamento, organização, direção e controle), bem como as características e exemplos de elementos a serem considerados.

Figura 2
Gerenciamento arquivístico e habilidades decorrentes

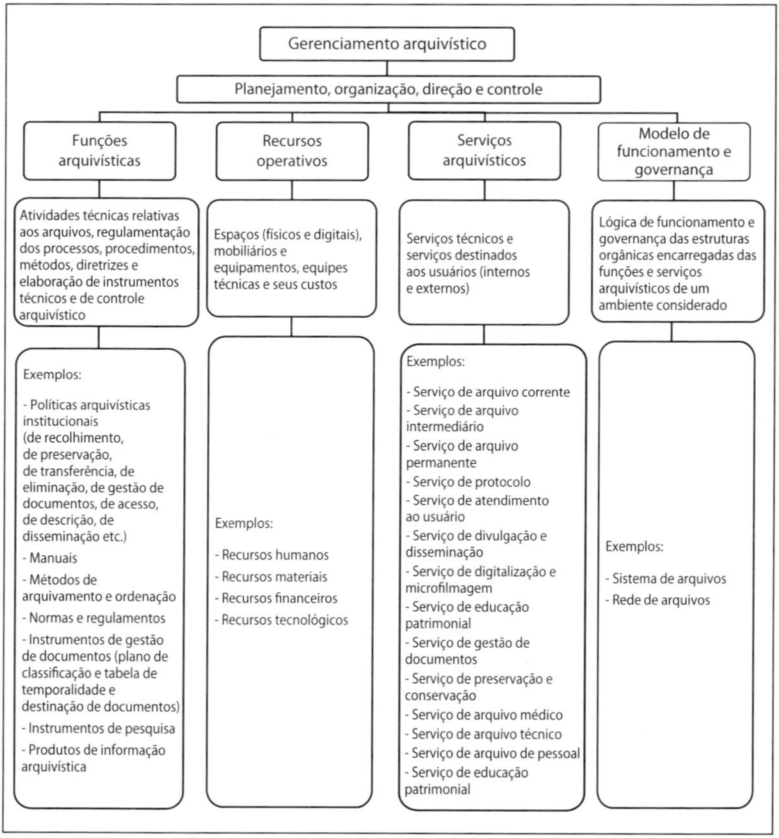

Fonte: elaboração do autor.

Ressalta-se que, de acordo com o disposto no art. 2º da Lei Federal nº 6.546/1978, que dispõe sobre a regulamentação da profissão de arquivista no Brasil, boa parte das atribuições a ele designadas (oito de 12) compreende ações de planejamento, organização, direção e controle.

> Art. 2º. São atribuições dos Arquivistas:
>
> I - *planejamento, organização e direção* de serviços de Arquivo;

II - *planejamento, orientação e acompanhamento* do processo documental e informativo;
III - *planejamento, orientação e direção* das atividades de identificação das espécies documentais e participação no *planejamento* de novos documentos e controle de multicópias;
IV - *planejamento, organização e direção* de serviços ou centro de documentação e informação constituídos de acervos arquivísticos e mistos;
V - *planejamento, organização e direção* de serviços de microfilmagem aplicada aos arquivos;
VI - *orientação do planejamento* da automação aplicada aos arquivos;
VII - *orientação* quanto à classificação, arranjo e descrição de documentos;
VIII - *orientação* da avaliação e seleção de documentos, para fins de preservação;
IX - promoção de medidas necessárias à conservação de documentos;
X - elaboração de pareceres e trabalhos de complexidade sobre assuntos arquivísticos;
XI - assessoramento aos trabalhos de pesquisa científica ou técnico-administrativa;
XII - desenvolvimento de estudos sobre documentos culturalmente importantes [grifos nossos].

Mas em que consistem tais habilidades – planejar, organizar, dirigir e controlar? Vejamos na sequência.

Planejamento, organização, direção e controle

O *planejamento* representa um modelo ou um curso de ações sistematizado a ser seguido e tem como resultado imediato a determinação de objetivos (resultados futuros) e de um plano detalhado para alcançá-los. Esse plano compreende a previsão, a programação e a coordenação de uma sequência lógica de eventos, num período específico. Na prática, definem-se, no plano, pretensões ou alvos dentro de um intervalo de tempo, em função de um cenário antevisto por intermédio da realização e análise de um diagnóstico.

Procura-se, por meio do processo de planejamento, responder às seguintes perguntas:

1) O que deve ser feito?
2) Como deve ser feito?
3) Onde deve ser feito?
4) Quando deve ser feito?
5) Quem deve fazer?
6) Quais meios e métodos devem ser propostos para a realização dos objetivos?

Ressalta-se que os objetivos elencados no planejamento podem variar quanto à amplitude e ao detalhamento. Ou seja, podemos ter objetivos amplos, que servem como guias ao proporcionar marcos, limites, diretrizes e princípios para a organização como um todo, e objetivos cujo foco é mais restrito e detalhado. Neste último caso, compreendem-se metas, atividades sequenciais necessárias (programas), modos de procedimentos e sequência cronológica de tarefas específicas, inclusive podendo prever métodos, regras e normas a serem considerados.

Na definição dos objetivos, é importante o uso de uma linguagem compreensível e clara, acompanhada de padrões de mensuração de quantidade, qualidade e tempo baseados em dados concretos. Objetivos não são subjetivos!

No âmbito das competências do arquivista, o planejamento não deve ser visto como um acontecimento ou um evento esporádico, mas como um processo contínuo, permanente, sólido e dinâmico. Deve ser tratado como um processo cuja abordagem ultrapassa a racionalidade ao ser embasado em conhecimentos técnicos e científicos capazes de promover uma sequência coordenada e bem definida de linhas de ações seguras, detalhadas, objetivas e decisórias, tendo em vista a rentabilidade máxima de recursos (humanos, materiais, financeiros, tecnológicos etc.) disponíveis ou a serem conquistados, em um tempo predeterminado, seguindo padrões e requisitos de qualidade estipulados. Ainda sobre o planejamento, é importante destacar que ele serve de base para a organização, a direção e o controle.

O processo de *organização* compreende a modelagem e estruturação, bem como a locação e integração de recursos, atividades e atribuições que foram planejados. Trata-se de estabelecer o uso ordenado dos recursos disponíveis e/ou possíveis e a melhor maneira de combinar os esforços para o alcance dos objetivos planejados. O ato de organizar estabelece as relações entre todos os recursos, aproveitando e aprimorando as habilidades, evitando a repetição de esforços e a ociosidade de recursos. Tem como foco a distribuição do trabalho (designação de pessoas para as devidas execuções) e o agrupamento das atividades de forma estruturada e lógica, de modo que os esforços sejam coordenados e efetivos.

A organização aumenta a eficácia e a eficiência do uso dos recursos, sendo o mecanismo principal para colocar os planos em ação. Os planos, que se desdobram em atividades e atribuições, precisam ser desenvolvidos pelas pessoas de forma eficiente para que os objetivos sejam alcançados na sua plenitude (quantidade, padrão de qualidade e tempo). Para tanto, tais atividades precisam ser agrupadas de maneira lógica, buscando coordenar recursos, esforços, energia e tempo demandados, evitando retrabalhos, confusões e conflitos.

O arquivista, como organizador, deve refletir sobre os planos e objetivos elencados no planejamento, buscando, em um primeiro momento, compreender, estruturar e estabelecer as tarefas principais a serem executadas, suas respectivas subdivisões (quando for o caso), as capacidades e habilidades necessárias e a destinação de recursos e instruções para a execução das mesmas. O propósito deve ser facilitar o uso ordenado (individual ou coletivo) de cada recurso, estabelecendo as reponsabilidades (obrigações e compromissos na execução com êxito das tarefas designadas) e as autoridades (direitos de executar e/ou comandar as tarefas). Além disso, é no processo de organização que se esquematizam a delegação, a centralização ou a descentralização das ações, quando e se apropriadas.

Uma vez definido o planejamento e esquematizada a organização, é preciso acionar e dinamizar o processo de atuação dos recursos humanos envolvidos. Para executarem suas funções e atribuições, as pessoas designadas precisam ser treinadas, guiadas ou motivadas. O processo de *direção* compreende a interpretação dos planos resultantes dos processos de planejamento e da organização esquematizada com vistas a orientar os responsáveis pela execução das atividades necessárias. Envolve a gestão de pessoas coordenada com a gestão de conhecimento, uma vez que compreende a designação das atribuições considerando o quadro de pessoal disponível, as habilidades e esforços necessários. Consiste, ainda, na capacidade de motivar, liderar, instruir, orientar os envolvidos, perpassando pela capacidade de compreender e comunicar com clareza e objetividade o que se pretende executar, como, quando e quais padrões são exigidos ou aceitáveis.

Como se percebe, a direção está relacionada diretamente com a ação e com os objetivos que devem ser alcançados, considerando a maneira como as atividades estão organizadas.

Para dirigir seus subordinados, o arquivista precisa, por meio da comunicação e liderança, orientá-los, motivá-los e influenciá-los para que se comportem e executem suas atribuições dentro das expectativas elencadas no planejamento e na organização.

Por sua vez, o *controle* tem por finalidade assegurar que os resultados daquilo que foi planejado, organizado e dirigido contemplem, tanto quanto possível, os objetivos previamente estabelecidos. A essência do controle consiste fundamentalmente em um processo que guia e acompanha a atividade executada, apontando se os padrões (de qualidade, de quantidade, de custo, de tempo) e critérios (normas e regras estabelecidas ou consideradas) de desempenho exigidos ou aceitáveis foram considerados e alcançados com efetividade. Além disso, permite o acompanhamento com vistas à promoção de ações corretivas, quando e se necessárias, tendo como finalidade assegurar, na medida do possível, o cumprimento do planejamento. Ou seja, compreende uma estrutura de balizamentos que proporcionam meios para estabelecer a tomada de decisão por ocasião dos processos de organização e direção das atividades, bem como a manutenção ou não das designações estabelecidas e das linhas de ações em execução, e também a normalização dos processos e procedimentos quando as variações, erros e desvios são considerados relevantes.

Destaca-se que, para que o desempenho seja controlado e ajustado, se e quando necessário, deve-se, no mínimo, conhecer algo a respeito dele. Isso requer, portanto, observação, informações seguras e precisas (documentos, registros, gráficos, tabelas, relatórios, índices, porcentagens, medidas estatísticas etc.), visão técnica, percepção das conjunturas envolvidas (visão holística) e capacidade de análise e interpretação. É importante ressaltar que o processo de planejamento não compreende uma fórmula matemática exata e está sujeito a variações, erros e desvios. Por isso, é necessário determinar os limites dentro dos quais tais variações, erros e desvios poderão ser aceitos como normais ou dentro dos critérios e padrões ainda desejáveis. Além disso, é importante ressaltar que nem toda variação exige correção; apenas aquela que ultrapassa os limites de normalidade considerados. Destaca-se que nem sempre o problema identificado e seus sintomas estão instalados no planejamento em si. Eles podem ser reflexos da esquematização da organização ou da capacidade de direção das tarefas. Nesse sentido, uma vez identificado um problema e constatada a necessidade de correção, resta saber se a mesma se faz necessária no planejamento, na organização, na direção, e se a ação corretiva a ser tomada em um desses processos corresponde à necessidade de promover uma ação correspondente nos outros dois. A correção pode envolver uma readequação pontual dos planos e objetivos elencados no planejamento, por exemplo, assim como um ajuste simultâneo no esquema de organização ou uma reformulação paralela do processo de direção.

É importante ter em mente que, muitas vezes, o problema não está na falta de uma ação específica, mas num novo tipo de ação, ligado a uma nova maneira de pensar. Além disso, é relevante considerar que para tomar uma ação corretiva faz-se necessário identificar tanto os problemas quanto seus sintomas. Porém, ressalta-se que o foco deve ser a resolução do problema e a eliminação de sua causa, e não a minimização ou remediação de seus efeitos ou sintomas.

No processo de controle, devemos procurar responder às seguintes questões:

1) Estamos alcançando os resultados planejados?
2) Estamos alcançando os resultados quando planejados?
3) Estamos alcançando os resultados na quantidade planejada?
4) Estamos alcançando os resultados na qualidade planejada?
5) Tudo está sendo feito conforme planejado?
6) Houve desvios? São significativos?
7) Foi ou é necessário tomar ações corretivas?
8) Os problemas e sintomas são ou foram significativos?
9) As estratégias planejadas foram ou são ideais?

Por ocasião do controle, o arquivista precisa compreender que seu papel não se resume à comparação do desempenho com os padrões (unidades de medida) e planos estabelecidos, mas também envolve: (1) verificar se os recursos estão sendo utilizados de maneira eficaz e eficiente e (2) identificar e resolver, na medida do possível, os problemas e sintomas responsáveis pelos efeitos indesejáveis e que impõem barreiras e dificuldades para o alcance dos objetivos planejados. Esse profissional também precisa compreender que o controle não representa uma medição pontual do desempenho no final da execução do planejamento. O controle deve ser entendido como um processo contínuo e sistematizado que se inicia no planejamento e perpassa pela organização e pela direção. É importante considerar que o controle deve acontecer: (1) antes (controle prévio) da ocorrência da tarefa, evento ou fato planejado, criando políticas, procedimentos, normas e regras cujo objetivo é eliminar qualquer comportamento que venha a causar resultados indesejáveis ou minimizá-los; (2) durante (controle simultâneo) a ocorrência da tarefa, evento ou fato, corrigindo diretamente a execução, se necessário, e acompanhando o desempenho e/ou uso e otimização dos recursos; (3) após (controle de *feedback*) a ocorrência, tendo como referência o histórico da tarefa, evento ou fato, em comparação com os padrões estabelecidos (quantidade, qualidade, tempo e custo), assim como avaliando as variações, desvios e correções que possam ter acontecido.

A respeito das variações e desvios, é importante frisar que, se estiverem dentro das fronteiras do que era esperado, o arquivista não deve se preocupar. Se excederem um pouco as fronteiras do que era esperado, o arquivista deve prosseguir com as ações planejadas e organizadas, porém promovendo ajustes que possibilitem retornar à situação adequada (ou seja, estar dentro da fronteira que delineava o que era esperado). Se excederem em muito as fronteiras do que era esperado, caberá a esse profissional interromper as ações até que as causas sejam identificadas, analisadas e eliminadas.

Considerações finais

Antes de finalizar este capítulo, é importante tecer alguns comentários sobre determinados fatores e comportamentos que precisam ser considerados por ocasião do gerenciamento arquivístico.

Primeiramente, é preciso frisar que, para que o arquivista possa efetivamente colocar em prática o gerenciamento arquivístico, ele deve, antes, conquistar credibilidade e capacidade de influência, inclusive identificando e promovendo aliados/parceiros. Além disso, esse profissional precisa estar disposto a negociar e ciente de que não há negociações sem concessões. Nesse sentido, deve compreender claramente quando não pode abrir mão de condições, princípios e normas técnico-científicas e/ou jurídico-administrativas. Do contrário, os prejuízos podem ser graves.

No decorrer do processo de negociação, cabe a esse profissional procurar e avaliar todas as alternativas possíveis antes de tomar decisões. Isso é importante para que possa enfrentar os desafios contando com boas chances de sucesso, reduzindo as chances de equívocos, distorções, variações e erros.

Para que o arquivista possa conduzir um processo de negociação cuja finalidade é pôr em prática o gerenciamento arquivístico, é preciso que ele disponha dos seguintes conhecimentos:

- conhecimento dos dispositivos legais;
- conhecimento dos princípios, teorias e normas técnicas (conhecimento técnico-científico);
- conhecimento do contexto arquivístico.[3]

Dispondo de tais conhecimentos, esse profissional precisa desenvolver as seguintes capacidades:

- capacidade técnica;
- capacidade de influência tanto no nível estratégico quanto nos níveis táticos e operacionais da instituição;
- capacidade de introduzir mudanças nas práticas, nos processos, nos comportamentos e nos valores institucionais.

---

[3] O contexto arquivístico é formado pelo contexto de proveniência (contexto organizacional, contexto funcional e contexto de procedimentos administrativos), contexto administrativo, contexto de uso dos documentos e contexto sociopolítico, cultural e econômico. De acordo com Silva (2017:496), o contexto organizacional se refere a "como o produtor dos documentos é organizado e pode ser percebido (estrutura interna, relações externas, das interações e mandatos dos seus atores)"; o contexto funcional se refere a "como as funções do produtor estão estruturadas e podem ser percebidas (missão, das suas funções, atividades, objetivos e tarefas)"; o contexto de procedimentos administrativos diz respeito aos "processos de trabalho, atividades, ações e transações (responsáveis pela estrutura lógica do arquivo – ordem original)"; o contexto administrativo compreende "a gestão e conservação dos documentos arquivísticos"; o contexto de uso representa "a relação com os usuários"; e o contexto sociopolítico, cultural e econômico representa "tudo aquilo que de certa forma influencia os outros fatores ambientais ou contextos e que é capaz de determinar diretamente os conteúdos, as formas e as estruturas dos documentos arquivísticos".

Além disso, o arquivista precisa ter uma noção clara dos seguintes fatores:

- resistências a serem enfrentadas;
- aspirações que podem ser alimentadas;
- forças e oportunidades que podem ser aproveitadas;
- fraquezas e ameaças que devem ser contornadas.

Isso é possível mediante a realização de um bom diagnóstico. Ao diagnosticar seu campo de trabalho, o arquivista estará buscando instrumentos de apoio para tomada de decisões e intervenções. Sem realizar um bom diagnóstico e uma boa análise, é improvável que um arquivista consiga estabelecer um projeto de trabalho de qualidade no sentido de aplicação do gerenciamento arquivístico. É necessário que esse profissional primeiro se coloque no papel de excelente observador, pois o arquivista não pode tirar conclusões precipitadas.

Aliando a análise ambiental (diagnóstico ou auditoria externa) com a análise organizacional (diagnóstico ou auditoria interna), o arquivista será capaz de compreender as dinâmicas que compõem o cenário em que o gerenciamento arquivístico deverá ser desenvolvido e implementado. Somente correlacionando as forças e fraquezas da instituição com as oportunidades e ameaças que compõem o ambiente em que ela atua, o arquivista poderá visualizar as condições para a formulação de estratégias que proporcionem os rumos para o sucesso do gerenciamento arquivístico.

Como se percebe, por ocasião do desafio do gerenciamento arquivístico o arquivista necessita conhecer o(s) ambiente(s) em que os arquivos e documentos arquivísticos foram/são produzidos, mantidos e utilizados. Ele precisa fazer um estudo sério, buscando mapear, mensurar e avaliar cada um desses fatores, bem como suas conjunturas e circunstâncias contextuais. Também é importante colher informações relevantes e precisas com vistas a identificar os problemas e sintomas instalados e/ou prestes a se instalar. Uma vez identificados os problemas, faz-se necessário verificar todas as suas dimensões. É sabido que focar nos sintomas ou atenuar e/ou adiar os problemas não resolve e pode gerar uma "bola de neve".

Isso se faz importante para que suas ações e as ações que venha indicar não sejam desvirtuadas, assim como os objetivos que guiam tais ações não sejam deturpados de modo que os valores essenciais do fazer arquivístico e da própria instituição não sejam comprometidos. Destaca-se que somente quem está bem preparado sabe se deve, como deve, quando deve e por onde deve começar.

Referências

ALMEIDA, Maria Christina Barbosa de. *Planejamento de bibliotecas e serviços de informação*. 2. ed. rev. e ampl. Brasília, DF: Briquet de Lemos/Livros, 2005.

BELLOTTO, Heloísa Liberalli. *Arquivo*: estudos e reflexões. Belo Horizonte: Ed. UFMG, 2014.

BRASIL. Lei nº 6.546, de 4 de julho de 1978. Dispõe sobre a regulamentação das profissões de arquivista e de técnico de arquivo, e dá outras providências. *Diário Oficial [da] República Federativa do Brasil*, Brasília, 5 jul. 1978. Disponível em: <www.planalto.gov.br/ccivil_03/leis/1970-1979/l6546.htm>. Acesso em: 2 maio 2019.

CERTO, Samuel C. *Administração moderna*. 9. ed. São Paulo: Prentice Hall, 2003.

CHIAVENATO, Idalberto. *Introdução à teoria geral da administração*: uma visão abrangente da moderna administração das organizações. 7. ed. rev. e atual. Rio de Janeiro: Elsevier, 2003.

_____; SAPIRO, Arão. *Planejamento estratégico*: fundamentos e aplicações. 2. ed. Rio de Janeiro: Elsevier, 2009.

HENRIQUES, Cecília. Experiências em negociação em ambiente hostil ao arquivista. In: MELGAÇO, Marta Eloísa; NEGREIROS, Leandro Ribeiro. *Documentos eletrônicos*: fundamentos teóricos arquivísticos para uma prática de pesquisa em gestão e preservação. Belo Horizonte: Secretaria de Estado de Cultura de Minas Gerais, Arquivo Público Mineiro, 2008. p. 92-107.

LOPES, Luís Carlos. *A nova arquivística na modernização administrativa*. 2. ed. Brasília: Projecto Editorial, 2009.

SILVA, Welder Antônio. *Exceções legais ao direito de acesso à informação*: dimensões contextuais das categorias de informação pessoal nos documentos arquivísticos. Tese (doutorado em ciência da informação) – Escola de Ciência da Informação, UFMG, Belo Horizonte, 2017.

_____. *Sistema*. Belo Horizonte: Escola de Ciência da Informação da UFMG, 2018a. (Slides de aula da disciplina "planejamento e gestão de redes e sistemas de arquivos").

_____. *Rede*. Belo Horizonte: Escola de Ciência da Informação da UFMG, 2018b. (Slides de aula da disciplina "planejamento e gestão de redes e sistemas de arquivos").

_____. *Planejamento e gestão de redes e sistemas de arquivos*. Belo Horizonte: Escola de Ciência da Informação da UFMG, 2018c. (Slides de aula da disciplina "planejamento e gestão de redes e sistemas de arquivos").

_____. *Abordagem e aspectos gerenciais do planejamento*. Belo Horizonte: Escola de Ciência da Informação da UFMG, 2019a. (Slides de aula da disciplina "projeto e planejamento de instituições e serviços arquivísticos").

_____. *Intenções estratégicas*. Belo Horizonte: Escola de Ciência da Informação da UFMG, 2019b. (Slides de aula da disciplina "projeto e planejamento de instituições e serviços arquivísticos").

_____. *Lições e percepções pessoais da experiência como arquivista*: do discurso à prática. Belo Horizonte: Escola de Ciência da Informação da UFMG, 2019c. (Slides da palestra no evento X Seminário de Arquivologia sobre o tema: "O arquivista como agente transformador da sociedade").

_____; MARINHO, Suzana; SANTOS, Patrícia Kelly dos. Uma abordagem sistêmica aplicada à arquivística. *Arquivística.net*, Rio de Janeiro, v. 3, n. 1, p. 54-71, jan./jun. 2007.

9

Estudos de usuários de arquivos*

Thayron Rodrigues Rangel

Introdução

Com o desenvolvimento dos meios de produção, disseminação, utilização e armazenamento de informações e documentos, principalmente no período pós-guerra, vimos mudanças no fazer dos profissionais ligados a diversos campos científicos, como a biblioteconomia, a comunicação e também a arquivologia e a ciência da informação. As tecnologias de informação e comunicação (TIC) forneceram novos olhares sobre as antigas e tradicionais práticas profissionais. A preocupação anterior com a preservação dos suportes para fins de memória e comprovação jurídica uniu-se a diversas outras preocupações, como dar acesso a todas as informações e conteúdos registrados nos documentos, independentemente do suporte.

Sendo o acesso um ponto central da discussão apresentada neste capítulo, podemos dizer que é crucial o papel dos usuários dos sistemas e serviços arquivísticos. Contudo, quem seriam e são esses usuários, que, muitas vezes, desconhecemos? É preciso investigar e compreender as necessidades informacionais dos sujeitos, tendo como base os serviços e as respostas às demandas apresentadas, a fim de aferir o nível de satisfação em relação ao atendimento.

---

* Trata-se do desdobramento do trabalho de conclusão de curso do autor (Rangel, 2018). São reflexões que estão tendo continuidade em seu doutoramento.

Podemos dizer, de forma generalizada, que existem dois tipos de usuários: os usuários (reais) e os não usuários (potenciais). Visando atender às necessidades desses, para Casado (1993, trad. nossa) os estudos de usuários (EU) têm como objetivos: (1) conhecer os hábitos e necessidades de informação dos usuários; (2) aproveitar ao máximo os recursos dos centros de informação existentes, mediante análise e avaliação dos fundos e dos serviços; (3) realizar cursos de capacitação de usuários; (4) avaliar os sistemas nacionais de informação, com a finalidade de determinar os pontos fracos que necessitem ser modificados; (5) conhecer a estrutura e dinâmica dos grupos de investigação.

O usuário de arquivo "é um indivíduo que busca a informação, e, portanto, a comunicação arquivo-usuário só se manifesta quando esse último, por alguma razão, provoca esse processo" (Jardim e Fonseca, 2004:5). Composto por cidadãos que já utilizam os serviços e/ou acervo das unidades arquivísticas, o conjunto de usuários reais desde sempre está representado nos estudos de usuários por meio dos levantamentos métricos. Já os usuários potenciais são aqueles que não compõem o quadro de visitantes e utilizadores dos serviços, seja por não se identificarem, não terem interesse ou não conhecerem a instituição e os serviços por ela ofertados (Dias e Pires, 2004). Ainda podemos definir o usuário de arquivo como

> todo indivíduo, independente de cor, sexo, religião, nível de renda, escolaridade, profissão etc., habituado ou não a frequentar instituições arquivísticas ou consultar documentos, que apresente uma necessidade vital de uma certa informação que se encontra sob a guarda de um arquivo [Silva, 1996:3].

Podemos apresentar os usuários de arquivos a partir de dois outros tipos: o interno e o externo. O usuário interno está relacionado à função arquivística de criação/produção de documentos e pode ser encontrado, na maioria das vezes, nos arquivos correntes e intermediários.[1]

[1] Para a compreensão dos estudos relacionados aos arquivos na modernidade, recomendamos a leitura do trabalho de Schellenberg (2006).

Já o usuário externo pode ser encontrado em ambas as fases de custódia, devido a suas diferentes necessidades de uso do acervo, seja em razão da solicitação de documentos pela Lei nº 12.527, de 18 de novembro de 2011, popularmente denominada Lei de Acesso à Informação (LAI), em arquivos correntes e intermediários, ou com qualquer outra finalidade de pesquisa em arquivos permanentes.

Sem a pretensão de esgotar as discussões sobre a temática, neste capítulo serão apresentadas algumas abordagens sobre o surgimento dos EU e seus principais conceitos para a área da ciência da informação e também para a arquivologia, e, ainda, algumas técnicas e procedimentos metodológicos de aplicação. Todavia, a ausência de estudos sobre a temática na arquivologia brasileira impossibilita a apresentação de conceitos e práticas estritas do campo arquivístico nacional.

Os EU surgiram a partir da necessidade de levantar as demandas informacionais dos usuários de biblioteca e foram desenvolvidos entre as décadas de 1940 e 1980, com o intuito de realizar estudos meramente métricos em sua maioria, relacionados a estatísticas de circulação (empréstimo) dos materiais bibliográficos. Vale ressaltar que, neste momento inicial, tais estudos não objetivavam a difusão e o acesso à informação.

São notórias a incipiência de estudos acerca dessa temática no campo arquivístico brasileiro e a ausência de consolidação epistemológica da disciplina de EU na arquivologia brasileira. Os estudos teóricos sobre a gênese da área são facilmente localizados nos escritos e pesquisas do campo biblioteconômico; todavia, pouco ou nada se tem sobre a aplicação dos EU em arquivos.

Surgimento

Para iniciar o percurso histórico sobre o surgimento dos EU, é preciso regressar ao século XVII, quando surgiram as primeiras preocupações com o uso de documentos e com o acesso à informação, com a premissa de analisar o uso dos documentos custodiados nas bibliotecas. Em 1697, foi publicada a obra de Thomas Bray: *Ensaios para promover todos os conhecimentos necessários e úteis, tanto divinos como humanos, em todas as partes do domínio de sua Majestade* (Murison, 1988 apud Araújo, 2013). Na qualidade de conceito, os EU são mais recentes, aparecendo apenas no século XX, não existindo um consenso sobre o momento exato do seu surgimento. Alguns autores o localizam na década de 1940, outros na de 1950, e há ainda aqueles que consideram que a temática surgiu após a década de 1960. Para Casado (1993:158, trad. nossa), "os estudos de usuários surgiram nos anos 1920, contudo esses trabalhos são excessivamente rudimentares. Foi necessário esperar até os anos 1950 para que aparecessem os primeiros trabalhos de investigação sobre essa disciplina".

Os EU foram inicialmente estruturados sob a égide dos elementos disciplinares da administração, informática e estatística, e tinham como objetivo estudos mais funcionalistas. Essa abordagem modificou-se após a década de 1960 graças a fatores sociais, técnicos, políticos e, ainda, aos conhecimentos compartilhados com a sociologia, psicologia, história e demais áreas científicas. Os trabalhos de Herner, Paisley e Allen (1977 apud Casado, 1993) deram início a uma série de preocupações sobre o uso e as necessidades informacionais dos usuários. Cabe ressaltar que, naquele momento, era preeminente o uso das informações de forma ágil e eficaz, dado o contexto sócio-técnico-militar.

É possível afirmar que existe ao menos um consenso na literatura sobre o lugar de surgimento do campo de EU: as bibliotecas e centros de documentação. Todavia, acreditamos que se torna complexa a vinculação dos EU a apenas uma área científica nos dias de hoje, visto que, ao longo de seu desenvolvimento no campo biblioteconômico, foram utilizados aspectos, métodos, técnicas e fazeres de outras áreas do saber.

Independentemente da vertente ou corrente teórica, os EU são apresentados, em geral, a partir de duas abordagens: uma com enfoque no serviço de informação e outra com foco nos usuários como elementos centrais. Três diferentes perspectivas sobre a terminologia desses tipos são apresentadas a partir da seguinte compreensão dos autores trazidos em nosso referencial teórico. Na literatura biblioteconômica, alguns autores, como Dias e Pires (2004) e Figueiredo (1994), auxiliaram na construção do entendimento sobre a disciplina de EU. Já para apresentar a abordagem trazida pela ciência da informação, optou-se, como fonte de pesquisa, pelos trabalhos desenvolvidos por Araújo (2007, 2008, 2010). Por fim, Jardim e Fonseca (2004), Oliveira (2006) e Casado (1993) apresentam os EU inseridos na ciência arquivística.

Dias e Pires (2004) compreendem e caracterizam os tipos de EU a partir das abordagens tradicionais e alternativas, as quais denominam serviço de informação orientado aos usuários com enfoque no uso e nos usuários. Já Figueiredo (1994) os caracteriza pelos tipos de estudos orientados para o uso de uma biblioteca ou centro de informação individual e estudos orientados ao usuário. Para a autora, essas atividades foram inicialmente relacionadas à aplicação de técnicas das ciências sociais, com vistas à observação e ao mapeamento das necessidades dos usuários e de suas percepções sobre o planejamento, serviços e produtos das bibliotecas (Figueiredo, 1992).

As técnicas utilizadas nesse primeiro momento tinham como foco estudos funcionalistas e métricos, em uma perspectiva ainda voltada para o uso objetivo dos serviços e produtos ligados ao campo biblioteconômico. Com os estudos ainda orientados para o uso, os principais objetivos dos EU eram: (1) determinar os documentos requeridos pelos usuários; (2) descobrir os hábitos dos usuários para a obtenção da informação nas fontes disponíveis, bem como as maneiras de busca; (3) estudar a aceitação das microformas; (4) estudar o uso feito dos documentos; (5) estudar as maneiras de obtenção de acesso aos documentos; (6) determinar as demoras toleráveis (Figueiredo, 1994).

> A ideia era, através destes estudos, poder-se chegar a planejar serviços adequados de informação para atender as necessidades da maioria dos usuários. Mas os resultados foram contraditórios: a complexidade, a amplitude, as diversidades das necessidades dos usuários foram mais numerosas que se esperava [Figueiredo, 1994:9].

Essa primeira prática versava sobre a melhoria dos sistemas e produtos informacionais, não se importando, naquele momento, com os fatores externos que motivariam o uso desses serviços (Dias e Pires, 2004). Jardim e Fonseca (2004:2) corroboram essa visão e acreditam que esse primeiro momento foi baseado nos usos da informação, voltado para "a identificação do grau de satisfação do usuário dentro do serviço de informação". Assim,

> os primeiros estudos de usuários da informação buscavam, então, estabelecer uma série de indicadores demográficos, sociais e humanos das populações atendidas pelas bibliotecas (ou não atendidas, no caso dos "não usuários"), mas com um foco muito particular: o levantamento de dados, como uma espécie de diagnóstico, para o aperfeiçoamento ou a adequação dos produtos e serviços bibliotecários [Araújo, 2010:7].

Numa abordagem mais ampla, os EU acompanharam o desenvolvimento paradigmático da ciência da informação (CI). Eles percorreram a abordagem fisicalista proposta por Shannon e Weaver, passaram pela cognitivista apresentada por Brookes, Ingwersen e Vakkari, e culminaram no terceiro e atual paradigma – o social, explorado por autores como Frohmann, Hjorland, Albrechten e Brier (Araújo, 2010).

No segundo momento, surge outra abordagem para fundamentar a prática e os EU a partir de uma mudança atitudinal: o usuário passa a ocupar um importante local no desenvolvimento dos serviços de informação e nos produtos que serão a ele disponibilizados. Esses estudos, chamados de abordagem alternativa, surgiram após a década de 1970 e tinham como objetivo empregar técnicas qualitativas para compreender as necessidades comportamentais e informacionais dos usuários a partir da sua ótica. Desde o surgimento desses estudos,

> começou-se a adquirir um conhecimento mais profundo de como a informação é obtida e usada. Por outro lado, estes conhecimentos tiveram pequeno efeito no planejamento dos sistemas, pois que nesta época os planejadores estavam mais preocupados em entender e se ajustarem aos

> novos modelos de computadores disponíveis, e o interesse maior era com as capacidades técnicas do sistema a ser implantado, não com as necessidades dos possíveis usuários [Figueiredo, 1994:9].

Agora, quando tratamos dos EU inseridos no campo da arquivologia, alguns marcos históricos podem fundamentar seu surgimento, entre eles o Congresso Extraordinário de Arquivos, realizado no ano de 1966 na cidade de Washington, nos Estados Unidos (Rangel, 2018). Essa edição teve como objetivo propor discussões relacionadas ao acesso aos documentos arquivísticos. É possível perceber a eminente preocupação do campo arquivístico, em nível internacional, em assegurar o acesso aos documentos de arquivo. Outras edições do congresso também abordaram, de forma objetiva ou ainda pontual, o acesso e os usuários de arquivos, como a X Conferência da Table Ronde, em 1967, o Congresso Internacional de Arquivos dos anos 1967, 1968, 1972, 1974 e 1976, e ainda a XX Conferência Internacional da Mesa Redonda de Arquivos, em 1981 (Silva et al., 1998 apud Araújo, 2013; Jardim e Fonseca, 2004).

Ao analisarmos os relatórios desses eventos, vemos a latente preocupação com a importância da difusão e uso de documentos após o surgimento das microformas. Acreditamos que o advento das máquinas nas atividades de disponibilização de documentos desempenhou um grande papel no desenvolvimento dos EU, bem como representou grandes desafios aos profissionais da área, após a década de 1960. Para Oliveira (2006:13),

> os arquivos e seus profissionais, até os anos 90, ficaram restritos, em linhas gerais, à produção do conhecimento sobre guarda, organização, avaliação e preservação de documentos, produzindo instrumentos de recuperação da informação para serem consumidos por seus pares ou pesquisadores altamente qualificados.

Desenvolvido pelo Reino Unido, o projeto Investigation into Information Requirements of the Social Sciences (INFROSS) também representa um importante marco para os EU com foco nas ciências sociais. Iniciado no princípio da década de 1970, o projeto é assinalado como um dos mais importantes para a disciplina, tanto por sua extensão quanto pela metodologia empregada (Casado, 1993). A legislação brasileira também ocupa um importante espaço, corroborando a compreensão e construção dos EU na área arquivística brasileira.

> Algumas legislações asseguram o direito de acesso ao cidadão e aos usuários no Brasil, como a Lei 6.546, de 1978 que "dispõe sobre a regulamentação das profissões de Arquivista e de Técnico de Arquivo"; A Constituição Federal Brasileira de 1988, a Lei 8.159, de 1991 que dispõe "sobre a política nacional de arquivos públicos e privados" e por fim a Lei de Acesso à Informação (12.527/11) [Rangel, 2018:31].

O desenvolvimento da indústria de informação no pós-guerra impactou diversos campos científicos, incluindo os EU no cerne da arquivologia. Com o advento de novas tecnologias e sua inserção no mundo do trabalho, as rotinas administrativas dos órgãos e entidades do setor público passaram por mudanças estruturais, principalmente com o aumento da produção de documentos arquivísticos. Até então, os arquivos possuíam uma característica que destacava os produtores como usuários massivos dos acervos, estando os arquivos basicamente a serviço do Estado. Logo, passou a haver uma compreensão mais ampla e democrática devido ao aporte legal de instrumentos governamentais, que visavam dar acesso às informações. Ainda assim, pouco se produziu sobre EU no campo arquivístico brasileiro.

> A ausência do tema se reproduz também nos principais manuais da área, ao contrário do que ocorre em obras deste mesmo teor na área de Documentação e Biblioteconomia, nas quais verifica-se frequentemente um capítulo voltado para as necessidades informacionais e estudos de usuários [Jardim e Fonseca, 2004:4].

No cenário internacional, um trabalho de relevância para os EU foi o estudo desenvolvido por Hugh Taylor (1984:1), que buscou "auxiliar arquivistas e especialistas de informação a criar, desenvolver e avaliar os sistemas e serviços de arquivos modernos, em particular a relação com o conceito de usuário e a função deste em tais sistemas e serviços". Aqui é perceptível o lugar do usuário nos arquivos, inserido no desenvolvimento e estruturação dos serviços e sistemas arquivísticos.

Métodos e técnicas para a aplicação

Ao longo do desenvolvimento das áreas científicas da arquivologia, da biblioteconomia e da ciência da informação, foram propostos muitos instrumentos de coleta de dados e métodos para aplicação e realização dos EU. No quadro 1, são apresentados alguns dos métodos que balizam a realização dos EU. Trata-se de uma compilação de autores que abordam a temática.

Quadro 1

Levantamento de instrumentos e métodos para os EU

Instrumento/método	Autores
Delphi	Kairalla (1984) apud Dias e Pires (2004)
Sense-making approach	Ferreira (1995) apud Dias e Pires (2004)
Questionário	Cunha (1982)
Entrevista	Bingham Moore (1941) apud Cunha (1982)
Observação direta	Figueiredo (1994)
Análise documentária	Cunha (1982)
Diário	Cunha (1982)
Análise de citações	Cunha (1982)
Análise de conteúdo	Berelson (1971) apud Cunha (1982)
Incidente crítico	Figueiredo (1994); Dias e Pires (2004)
Controle de interação usuário × sistema	Figueiredo (1994)
Grupo focal	Baptista e Cunha (2007)
Levantamento de opiniões	Dias e Pires (2004)
Survey	Babbie (2001) apud Dias e Pires (2004)
Uso de dados quantitativos	Figueiredo (1994)
Análise de tarefas e resoluções de problemas	Figueiredo (1994)
Estudos de comunidades científicas	Dias e Pires (2004)

Fonte: elaborado pelo autor (2018).

Os EU acabam por fornecer insumos e assim servir como instrumentos políticos de gestão das unidades de informação arquivísticas e biblioteconômicas, visto que, a partir da pesquisa realizada, torna-se possível mensurar, pela ótica dos usuários, as questões que impactam negativamente o desenvolvimento das atividades, como a escassez de recursos humanos, problemas orçamentários ou, ainda, relacionados à infraestrutura.

Visando tornar exequíveis esses estudos, Dias e Pires (2004) apresentam as etapas e os procedimentos ilustrados na figura 1.

Figura 1
Etapas e procedimentos dos EU

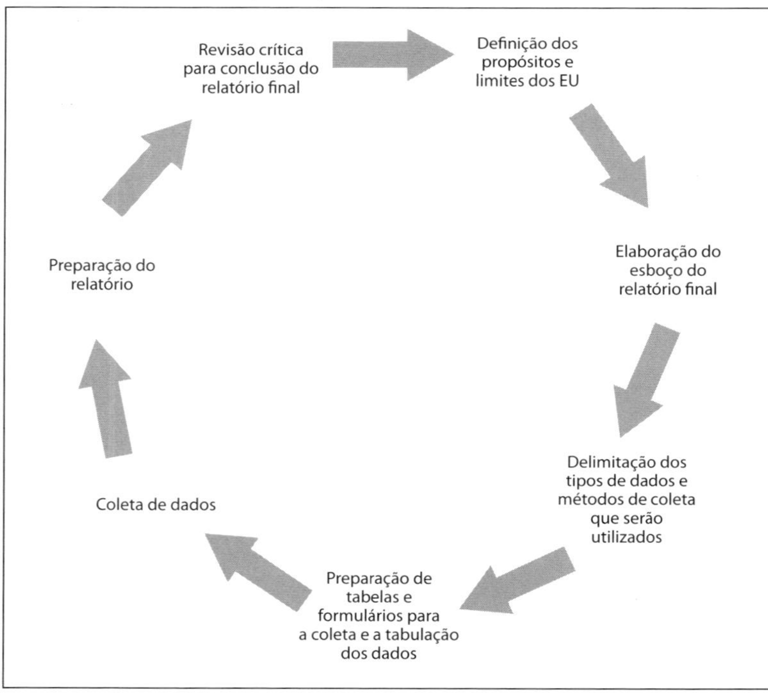

Fonte: baseado em Dias e Pires (2004).

Essa abordagem, apresentada na perspectiva biblioteconômica, nos fornece subsídios para aplicação, de certo modo, à área arquivística, visto seu aspecto generalista, com enfoque na gestão do processo. Quando tratamos dos estudos de usuário em arquivos, essa representação de métodos e técnicas para mensuração e objetivação analítica é incipiente. É possível afirmar que facilmente se localiza na literatura arquivística o termo de acesso como sinônimo, do ponto de vista conceitual, dos EU. Para Belloto (2014:179), os arquivos servem como

> instrumentos, como ferramentas da administração, da cidadania, do direito e da historiografia, sendo também instrumentos indispensáveis da ciência, da tecnologia, do dia a dia das pessoas. Arquivos são instrumentos nos quais a informação orgânica está registrada, para que dela se faça uso das mais variadas formas.

Com algumas peculiaridades relacionadas às características de cada arquivo, Schellenberg (2006) destaca que, para que possamos compreendê-las, devemos atentar para os elementos concretos e abstratos que compõem os arquivos. Para o autor, os elementos concretos são a forma, a fonte de origem e o local de conservação dos documentos. Já os elementos abstratos relacionam-se com a razão pela qual os documentos foram produzidos e acumulados, com os valores que levam à sua preservação e, por último, à custódia.

Independentemente da fase arquivística, o uso de arquivos pode ser acadêmico-científico, administrativo, popular, histórico ou, ainda, patrimonial (Araújo, 2013). Contudo, cabe ressaltar que as necessidades informacionais dos usuários é que vão definir qual o uso que farão dos arquivos.

No Brasil, o direito de acesso a informações e a documentos, bem como o uso dos arquivos, está pautado em marcos legais, como o art. 5º da Constituição Federal de 1988; a Lei nº 6.546/1978, que regulamenta a profissão de arquivista; a Lei dos Arquivos (nº 8.159/1991) e, mais recentemente, a Lei nº 12.527/2011.

Essas necessidades informacionais só poderão ser atendidas se compreendidas as competências em informação que cada usuário desenvolve para acessar os serviços e os produtos. Entende-se por competência em informação

> o conjunto de habilidades integradas que compreende a descoberta reflexiva da informação, o entendimento da maneira com que a informação é produzida e valorizada e o uso da informação para a criação de novos conhecimentos e para a participação ética em comunidades de aprendizagem [Bezerra e Doyle, 2017].

Assim, é de suma importância compreendermos e mapearmos fatores como: o nível de formação e de capacitação funcional, o conhecimento dos serviços disponíveis e o acesso a eles, as condições de trabalho e tempo de que dispõe para a pesquisa, o conhecimento prévio do usuário e seu idioma, entre outros (Dias e Pires, 2004).

Para viabilizarmos os EU em arquivos e acessarmos esses fatores que determinam o sucesso da busca pela informação desejada, temos a entrevista de referência como um importante instrumento do Serviço de Referência de Informação (SRI).[2] Surgido no final do século XIX, nas bibliotecas públicas norte-americanas, o SRI

> abrange todo mecanismo organizacional e técnico que facilite o acesso à informação ou sua gestão. Isso pode ser levado a cabo mediante o fornecimento de um produto que é difundido como uma unidade inteira [...], como um produto compartilhado e atualizado de forma contínua [...] ou um serviço imaterial (um empréstimo, uma pergunta, um conselho...) [Chaumier e Sutter, 2007 apud Accart, 2012:13].

Para fornecer um acesso rápido e seguro à informação (Grogan, 1995), o arquivo tem como substância a informação e não determinado artefato físico. Segundo o autor, o processo de referência envolve oito etapas decisórias: (1) problema; (2) necessidade de informação;

---

[2] Os conceitos e práticas inerentes ao processo de referência ou ao SRI não constam na literatura nacional, mas podem ser localizados em algumas traduções apresentadas em compêndios e coletâneas que abordam inúmeras temáticas relacionadas à arquivologia.

(3) questão inicial; (4) questão negociada; (5) estratégia de busca; (6) processo de busca; (7) resposta; (8) solução. Hoje, o SRI pode ser ampliado devido ao surgimento das TIC.

Corroborando as etapas acima apresentadas, Pugh (1982) apresenta também, como etapas para a realização do processo de referência, o registro do usuário, sua identificação, orientação; a entrevista de referência; a interação durante o processo e a aplicação de entrevista após a pesquisa ser realizada pelo usuário, a fim de avaliar o atendimento das necessidades do usuário. Visando então tornar exequíveis as ações do SRI, a entrevista de referência,

> como instrumento para medir o nível de aceitação inicial do serviço de referência, o planejamento das pesquisas de opinião sobre o papel do serviço de informação e referência de arquivos, constitui uma ferramenta de utilidade a qual disponibiliza dados sensíveis sobre o usuário, a percepção que tem do arquivo e as expectativas ao acessar os documentos [Bonilla, 2001:185, trad. nossa].

Tratando do serviço de referência nos arquivos, durante a realização da entrevista de referência devem ser observadas as peculiaridades que distinguem as bibliotecas dos arquivos, como o grau de sigilo dos documentos. Na biblioteconomia, a entrevista de referência tem como objetivo compreender as necessidades e demandas do usuário. Já na arquivologia, conforme apresentado abaixo, conhecer o usuário torna-se ainda mais determinante para o sucesso de atendimento.

> As entrevistas de referência são realizadas de forma a confirmar a identidade do pesquisador, como medida de segurança; determinar os objetivos do pesquisador e suas demandas por informações; guiar o pesquisador sobre os procedimentos básicos e sobre as limitações impostas ao acesso, ao manuseio dos documentos e à reprodução; por fim, quando a pesquisa estiver concluída, avaliar o sucesso da visita e a eficácia do serviço de referência oferecido [Duff, 2016:176].

Como os EU, o SRI e os instrumentos utilizados para sua exequibilidade também são dificilmente encontrados na literatura arquivística, principalmente no Brasil. Essa ausência de estudos sobre a temática na arquivologia deve-se ao fato de "ainda acreditarmos que a referência é algo que simplesmente acontece: os arquivistas processam os documentos e as pessoas utilizam-nos" (O'Toole, 1997 apud Duff, 2016:172). Encontramos na literatura internacional algumas análises e conceituações inseridas no campo da arquivologia. Segundo Bonilla (2001:192, trad. nossa), o SRI em arquivos visa

> tornar acessível a documentação guardada no arquivo, orientar o usuário sobre os serviços oferecidos e servir como um link entre riqueza e complexidade documental e as preocupações derivadas e surgidas no decurso de uma investigação com documentos arquivísticos. A sequência de passos dados por todo pesquisador que tem acesso pela primeira vez a um arquivo pode ilustrar esse processo.

Esses serviços de referência arquivísticos são então concebidos a partir da premissa do direito ao amplo acesso, podendo oferecer informações sobre: o arquivo, o acervo, produtores, fontes correlatas ao objeto ou assunto pesquisado, outras instituições arquivísticas, leis e ética sobre o uso da informação, instruções sobre o uso, orientação sobre o processo de pesquisa e acesso físico ao acervo (Duff, 2016).

Por fim, identificamos que o arquivista possui, nesse contexto, um importante papel na mediação das informações demandadas pelos mais diferentes tipos de usuários, auxiliando no reconhecimento das fontes de informação, identificando, avaliando e sintetizando as informações relevantes. Tais ações acontecem a partir dos documentos, instrumentos de pesquisa, ferramentas de referência ou até mesmo de seus conhecimentos próprios (Duff, 2016).

Considerações finais

O desenvolvimento deste trabalho evidencia a importância dos estudos de usuário para o campo arquivístico. Pode-se dizer que os EU têm como objetivos levantar quais tipos de fontes de informação são consultados nas unidades de informação, como bibliotecas e arquivos; compreender as necessidades e as demandas informacionais de seus usuários, bem como seus comportamentos de uso; avaliar o grau de qualidade e satisfação dos serviços e produtos; auxiliar na tomada de decisão.

Conhecer as necessidades informacionais dos usuários de uma instituição arquivística segundo sua ótica possibilita atender aos princípios democráticos do acesso aos documentos e informações arquivísticas, bem como desenvolver os serviços prestados por essas instituições. Entretanto, diferentemente do campo biblioteconômico, notamos certa dificuldade em definir, de forma generalista, os usuários e quais os usos que estes podem fazer dos arquivos no âmbito brasileiro. Isso se deve à pouca literatura que versa sobre os EU no Brasil.

Por fim, acredita-se que, ao término das presentes considerações, o campo esteja em maior evidência, incorporando-se assim as práticas de planejamento e elaboração dos serviços e as práticas arquivísticas, cuja relevância já é notória em diversos outros países, como Canadá, Espanha e Reino Unido.

Referências

ACCART, Jean-Philippe. *Serviço de referência*: do presencial ao virtual. Trad. Antonio Agenor Briquet de Lemos. Brasília: Briquet de Lemos, 2012.

ARAÚJO, Carlos Alberto Ávila. Estudos de usuários: uma abordagem na linha ICS. In: REIS, A. S.; CABRAL, A. M. R. (Org.). *Informação, cultura e sociedade*: interlocuções e perspectivas. Belo Horizonte: Novatus, 2007. p. 81-100.

_____. Estudos de usuários: pluralidade teórica, diversidade de objetos. In: ENCONTRO NACIONAL DE PESQUISA EM CIÊNCIA DA INFORMAÇÃO, 9., 2008. São Paulo. *Anais...* Brasília: Ancib, 2008. CD-ROM.

_____. Estudos de usuários conforme o paradigma social da ciência da informação: desafios teóricos e práticos de pesquisa. *Informação & Informação*, Londrina, v. 15, n. 2, p. 23-39, jul./dez. 2010.

_____. A perspectiva de estudos sobre os sujeitos na arquivologia, na biblioteconomia e na museologia. *Em Questão*, v. 19, n. 1, p. 213-238, jan./jun. 2013.

BAPTISTA, Sofia Galvão; CUNHA, Murilo Bastos da. Estudo de usuários: visão global dos métodos de coleta de dados. *Perspect*: ciência da informação, Belo Horizonte, v. 12, n. 2, maio/ago. 2007. Disponível em: <www.scielo.br/scielo.php?script=sci_arttext&pid=S1413-99362007000200011>. Acesso em: 2 dez. 2017.

BELLOTTO, Heloísa Liberalli. *Arquivo*: estudos e reflexões. Belo Horizonte: Ed. UFMG, 2014.

BEZERRA, Arthur; DOYLE, Andréa. Competência crítica em informação e participação ética em comunidades de aprendizagem. In: ENCONTRO NACIONAL DE PESQUISA EM CIÊNCIA DA INFORMAÇÃO, 18., 2017, Marília. *Anais eletrônicos...* Marília: Ed. Unesp, 2017. Disponível em: <http://enancib.marilia.unesp.br/index.php/xviiienancib/ENANCIB/paper/viewFile/487/879>. Acesso em: 1 fev. 2019.

BONILLA, Diego Navarro. El servicio de referencia archivístico: retos y oportunidades. *Revista Española de Documentación Científica*, v. 24, n. 2, 2001. Disponível em: <http://redc.revistas.csic.es/index.php/redc/article/view/49>. Acesso em: 22 jan. 2019.

BRASIL. Lei nº 6.546, de 4 de julho de 1978. Dispõe sobre a regulamentação das profissões de arquivista e de técnico de arquivo, e dá outras providências. *Diário Oficial [da] República Federativa do Brasil*, Brasília, 5 jul. 1978.

_____. Constituição da República Federativa do Brasil. *Diário Oficial [da] República Federativa do Brasil*, Brasília, 5 out. 1988.

_____. Lei nº 8.159, de 8 de janeiro de 1991. Dispõe sobre a política nacional de arquivos públicos e privados e dá outras providências. *Diário Oficial [da] República Federativa do Brasil*, Brasília, 9 jan. 1991.

_____. Lei nº 12.527, de 18 de novembro de 2011. Regula o acesso a informações previsto no inciso XXXIII do art. 5º, no inciso II do § 3º do art. 37 e no § 2º do art. 216 da Constituição Federal; altera a Lei nº 8.112, de 11 de dezembro de 1990; revoga a Lei nº 11.111, de 5 de maio de 2005, e dispositivos da Lei nº 8.159, de 8 de janeiro de 1991; e dá outras providências. *Diário Oficial [da] República Federativa do Brasil*, Brasília, 19 nov. 2011.

BRAY, Thomas. *An essay towards promoting all necessary and useful knowledge, both divine and human*. Ann Arbor: University of Michigan Library, 1697.

CASADO, Elías Sanz. La realización de estudios de usuarios: una necesidad urgente. *Revista General de Información y Documentación*, v. III, n. 1, p. 154-166, 1993. Disponível em: <https://core.ac.uk/download/pdf/38822624.pdf>. Acesso em: 10 jan. 2019.

CUNHA, Murilo Bastos da. Metodologias para estudo dos usuários de informação científica e tecnológica. *Revista de Biblioteconomia de Brasília*, Brasília, v. 10, n. 2, p. 5-20, jul./dez. 1982.

DIAS, M. M. K.; PIRES, D. *Usos e usuários da informação*. São Carlos: EdUFSCar, 2004. (Série Apontamentos).

DUFF, Wendy. Mediação arquivística. In: EASTWOOD, Terry; MACNEIL, Heather (Org.). *Correntes do pensamento arquivístico*. Belo Horizonte: Ed. UFMG, 2016.

FIGUEIREDO, Nice Menezes de. A modernidade das cinco leis de Ranganathan. *Ciência da Informação*. Brasília, v. 21, n. 3, p. 186-191, set./dez. 1992. Disponível em: <http://revista.ibict.br/ciinf/article/view/430/430>. Acesso em: 19 jan. 2019.

_____. *Estudos de uso e usuários da informação*. Brasília: Ibict, 1994.

GROGAN, Denis. *A prática do serviço de referência*. Brasília: Briquet de Lemos, 1995.

JARDIM, José Maria; FONSECA, Maria Odila. Estudos de usuários em arquivos: em busca de um estado da arte. *DataGramaZero*, v. 5, n. 5, out. 2004. Disponível em: <www.brapci.inf.br/index.php/article/download/7650>. Acesso em: 2 dez. 2017.

OLIVEIRA, Lucia Maria Velloso de. *O usuário como agente no processo de transferência dos conteúdos informacionais arquivísticos*. Dissertação (mestrado) – Programa de Pós-Graduação em Ciência da Informação, UFF, Niterói, 2006.

PUGH, M. J. The Illusion of omniscience: subject access and the reference archivist. *American Archivist*, Chicago, v. 45, p. 33-44, 1982.

RANGEL, T. R. *Estudos de usuário em unidades de informação arquivísticas*: uma análise teórica e curricular do campo. Trabalho (conclusão de curso) – Escola de Arquivologia, Unirio, Rio de Janeiro, 2018.

ROUSSEAU, Jean-Yves; COUTURE, Carol. *Os fundamentos da disciplina arquivística*. Lisboa: Dom Quixote, 1998.

SCHELLENBERG, T. R. *Arquivos modernos*: princípios e técnicas. Rio de Janeiro: FGV Ed., 2006.

SILVA, Júnia Guimarães e. *Socialização da informação arquivística*: a viabilidade de enfoque participativo na transferência da informação. Dissertação (mestrado em ciência da informação) – Instituto Brasileiro de Informação em Ciência e Tecnologia (Ibict), UFRJ, Rio de Janeiro, 1996.

TAYLOR, Hugh A. *Los servicios de archivo y el concepto de usuário*: um estúdio del RAMP. Paris: Unesco, 1984. Disponível em: <http://unesdoc.unesco.org/images/0006/000600/060066so.pdf>. Acesso em: 10 nov. 2017.

10

Arquivos pessoais e teoria arquivística

Patricia Ladeira Penna Macêdo

Introdução

A necessidade individual de criar documentos para referências diárias, para sustentar a memória pessoal, para interagir na sociedade e também para ser lembrado possibilitou a existência do que chamamos hoje de arquivos pessoais. Enquanto produtos de atividades dos indivíduos, esses documentos representam as relações sociais, políticas, econômicas e afetivas construídas ao longo da vida.

De fato, toda pessoa, desde o nascimento, acumula diversos papéis: de documentos identitários a bilhetes recebidos de um amor juvenil, recortes de jornal, circulares, relatórios, notas fiscais, poemas etc. Esses documentos, de naturezas e fontes diversas, são acumulados ao longo dos anos, constituindo um arquivo.

Em alguns casos, tais documentos acabam tornando-se parte do acervo de instituições de custódia, em virtude dos interesses sociais despertados pela figura do seu titular, e ficam sob a responsabilidade de arquivistas.

Vale ressaltar que é possível localizar conjuntos de documentos pessoais nas mais diversas instituições de guarda. Em recente pesquisa, Renato Pinto Venâncio (2016:59) afirma que os arquivos pessoais são custodiados por um universo bem amplo de instituições.

De fato, tradicionalmente os arquivos pessoais ficaram sob responsabilidade das bibliotecas – devido ao costume de ali se depositarem as obras e os demais papéis dos escritores – e dos museus, por serem considerados parte do imóvel e da "mobília". O recolhimento desses documentos em instituições arquivísticas se dá tardiamente. Segundo Catherine Hobbs (2016:304-305), esse processo se inicia em países anglófonos, com documentos sendo recolhidos em virtude de seu "valor cultural e histórico como objetos diferenciados, por seu valor financeiro ou valor estético ou por valor informativo para historiadores e pela possibilidade de suplementarem fundos já existentes".

Nesse contexto, a pesquisa histórica – que, a partir dos anos 1970, passa pelo que podemos chamar de "crise geral dos paradigmas históricos", com o surgimento da nova história cultural, herdeira da escola dos *Annales*[1] – tem papel de destaque no que tange ao recolhimento de arquivos pessoais por instituições arquivísticas, uma vez que tais fundos passam a ser encarados como fontes potenciais de informação, considerados expressões de indivíduos em sociedade.

Os adeptos da nova história cultural deslocavam o interesse pela vida e obra dos grandes homens e pelos grandes eventos para as pessoas e acontecimentos comuns. Igualmente, demonstravam como a história está sujeita a referenciais sociais e culturais de determinado período. É a partir do crescente interesse dos historiadores pelas fontes de origem privada que a arquivologia passa a se dedicar mais a esses acervos.

No que diz respeito à prática e aos estudos teóricos sobre os arquivos pessoais, ainda hoje percebemos como estes ocupam uma posição periférica e pouco priorizada no campo dos estudos teóricos

---

[1] Movimento historiográfico que propôs uma nova conceituação da disciplina, assim como a busca daquilo que é essencial à história: a problematização, a partir de métodos e metodologias novas. Seus fundadores, Marc Bloch e Lucien Febvre, propuseram a elaboração de uma história-problema, ou seja, uma história feita por meio de questionamentos, em que não fossem privilegiados apenas os fatos políticos e diplomáticos por meio da figura dos grandes homens e dos grandes heróis nacionais, mas também o estudo do homem comum em seu fazer cotidiano, sendo este também sujeito e objeto da história. Esse novo tipo de abordagem previa a relação com as outras disciplinas sociais, além da ampliação da noção de fontes na história, em que tudo o que homem produz, toca ou pensa é fonte histórica. Para mais informações, ver Cardoso e Vainfas (1997).

arquivísticos. É perceptível a existência de um desequilíbrio na produção intelectual da área, uma vez que, por muitos anos, os ditos estudos clássicos em grande medida privilegiaram o universo institucional.

Acompanhando o percurso desses arquivos ao longo da história, é possível perceber como a teoria da área foi amplamente desenvolvida com base no entendimento dos arquivistas e da experiência deles com os arquivos de governos e outras organizações, em que documentos são criados naturalmente por um produtor único como parte de transações de negócio ou de serviços.

Os primeiros trabalhos definiam os arquivos exclusivamente dentro de um contexto governamental estruturado, no qual os documentos refletiam a forma e as funções administrativas que os criaram. Cumpre observar que, de fato, em textos clássicos que se encontram na base do desenvolvimento da arquivística moderna, como o *Manual dos arquivistas holandeses* e as obras de Sir Hilary Jenkinson (1922) e Theodore Roosevelt Schellenberg (2006), os conjuntos documentais acumulados por pessoas não são considerados arquivos propriamente ditos.

Em 1898, o trio de arquivistas holandeses – autores do célebre manual que ficou conhecido no Brasil como o *Manual dos arquivistas holandeses*, considerado por muitos autores, entre eles Maria Odila Fonseca (2005:32), o marco do surgimento da disciplina arquivística – negou o *status* de arquivo ao que atualmente entendemos por conjuntos pessoais.

Esse manual, que traduz e sistematiza a tradição europeia no que concerne à organização documental, reconhece a existência de arquivos acumulados por pessoas, porém afirma que estes deveriam ser identificados com suas atividades de negócios e vinculados a atividades comerciais. Nesse sentido, com o fundamento de que tais materiais não eram resultado natural das funções e atividades de um órgão administrativo, o mais adequado seria a custódia destes nas bibliotecas (Muller, Feith e Fruin, 1973:120).

Conforme afirmaram Ana Maria Camargo e Silvana Goulart (2007:37), "os autores clássicos dedicaram-se especialmente aos documentos acumulados por instituições, encarando os pessoais, quando muito, como complementares". Quando se preocupam com os arquivos privados, identificam-nos como *manuscripts* ou *papers*, termos que fazem supor fragmentação e aleatoriedade no processo de produção e acumulação documental.

> O que hoje chamamos de arquivos privados seria o que Jenkinson e Schellenberg referiram como *manuscripts, historycal manuscripts* ou *manuscript collection*. [...]. Os arquivos privados, no entanto, são mais abrangentes que *manuscripts*, na medida em que contemplam também os documentos digitais e as mídias não textuais. Mas, acima de tudo, carregam e expressam a palavra "arquivo" aplicada aos fundos de proveniência privada, algo que, para estes dois pensadores seminais, seria algo negado e incompatível com a concepção dos "*historical manuscripts*" [Stapleton, 1983:82, trad. nossa].

O primeiro manual que destaca o reconhecimento dos arquivos pessoais como parte das preocupações arquivísticas é de autoria do arquivista italiano Eugenio Casanova, que, em 1928, elaborou a seguinte definição:

> O arquivo é a acumulação ordenada dos documentos de uma instituição ou indivíduo, constituída no curso de sua atividade e conservada para a consecução dos objetivos políticos, legais e culturais daquela instituição ou indivíduo [Casanova, 1928:19, trad. nossa].

No entanto, ainda que sejam contemplados na definição apresentada, não se observa uma atenção maior e mais detalhada a eles.

Conforme se pode notar, o reconhecimento tardio ou até a exclusão dos arquivos de origem privada – familiar e pessoal – do universo do conceito de arquivos marcou definitivamente o pensamento e a prática arquivísticos. Num processo contínuo e sem crítica, o discurso que justifica e conceitua o arquivo, em sua própria definição, utiliza termos mais identificados com a administração, dificultando a visibilidade dos arquivos pessoais no quadro conceitual.

O silêncio relativo aos arquivos pessoais e à teoria arquivística, provocação que inclusive abre este texto, atualmente já não se faz mais tão acentuado, porém ainda presente se comparado a estudos de arquivos de outras naturezas. Nesse sentido, busca-se discutir e entender, ao longo destas páginas, o quão complexo é, para a teoria da área, admitir os conjuntos documentais pessoais enquanto parte do corpo teórico da arquivologia. Objetiva-se, ainda, identificar, reconhecer e pensar a prática arquivística para esses arquivos como forma de melhor representá-los em nossos instrumentos de pesquisa, controle e acesso.

Entendendo o arquivo pessoal

Guardar documentos é um processo multifacetado. Acumulamos papéis dos mais diversos tipos e por diferentes motivos. Ao executar atos que, de certa forma, precisam ser recordados ou registrados, de maneira que possam ser transmitidos ao longo do tempo e do espaço, optamos por preservar determinados documentos.

Produzidos no ambiente da intimidade, os fundos pessoais não possuem regras rígidas e determinantes no que se refere aos seus arquivos. O que é possível localizar são elementos norteadores, fruto das convenções sociais vigentes de determinado período histórico, além, é claro, da legislação e normas institucionais que determinam a obrigatoriedade da existência e guarda de determinados documentos.

Nesse sentido, a liberdade que um indivíduo tem em relação aos seus arquivos se expressa na maneira como ele é capaz de formar e reformar seu arquivo pessoal cotidianamente. Um exemplo interessante pode ser extraído de um caso apresentado por Richard Cox (2017:55). O autor, preocupado em discutir a questão em torno da destruição de documentos, narra a história de um jovem que, aos 15 anos de idade, tornou-se "o historiador oficial da família". Daniel Mendelsohn conta que seu avô, em determinada ocasião, solicitou que o ajudasse a esvaziar

> diversas caixas com "coisas sem serventia", como as chamava, e eu fiquei sentado a seu lado durante algumas horas naquele dia, jogando as coisas que ele ia me entregando – maços de cartas presas com elásticos ou barbante, velhas carteiras de motorista, artigos da *Reader's Digest*, que ele havia jogado fora – numa grande lata de lixo de cozinha [Mendelshon, 2006:59 apud Cox, 2017:55].

Essa situação não é estranha a nós, visto que a maioria das pessoas já viveu algum tipo de experiência parecida, seja em virtude da quantidade de papéis acumulados, seja em virtude de um novo ciclo de vida, uma mudança ou morte de alguém. O fato é que, em arquivos pessoais, é muito provisória a forma como os conjuntos documentais se constituem; ao longo da vida, os arquivos se formam e reformam a cada dia.

Uma das dificuldades no entendimento de um arquivo pessoal é a inexistência de um controle rígido do que produzir e guardar. A ausência de instrumentos normativos para a organização documental, como organogramas, regimentos, estatutos, portarias e instruções normativas, é o que o liga diretamente à sua importância histórica, uma vez que os documentos de arquivo não necessariamente nascem com qualquer pretensão para o futuro. Pelo contrário, encontram sua vocação no presente, como instrumentos que auxiliarão a consecução de funções e atividades rotineiras.

Antes de se tornarem peças de interesse para os pesquisadores, os documentos cumprem um ciclo vital imbricado nas engrenagens dos negócios da entidade da qual se originam. Servem primeiro como prova de obrigações e de ações juridicamente relevantes, para só depois passarem à condição de testemunho da trajetória, dos usos e dos costumes dos grupos sociais.

Na condição de produto do desenvolvimento de atividades de uma pessoa, os documentos lhe servem como prova, instrumentos jurídicos e lembranças de ações desempenhadas, e continuam a representá-la mesmo após o cumprimento ou fim do motivo que os gerou.

A relação próxima de causa e efeito, atividade e documentos aproxima os arquivos pessoais da arquivologia, uma vez que seu conceito refere-se a um conjunto de documentos produzidos, recebidos e mantidos por uma pessoa ao longo de sua vida e em virtude do desenvolvimento de suas atividades e funções.

As particularidades dos arquivos pessoais, pouco interpretadas e, em alguns momentos, menosprezadas pela área, colocam-nos em lugares diferentes dos considerados arquivos tradicionais. As questões que envolvem a guarda e a acumulação dos fundos identificados como pessoais fazem da pesquisa um processo essencial no contexto da organização destes. É possível, sim, independentemente da forma e suporte documental, localizar – nos documentos que representam a vida de seu titular, suas redes de relacionamento pessoal ou de negócios – as cinco características do documento de arquivo: autenticidade, imparcialidade, naturalidade, unicidade, organicidade.

Nesse sentido, e levando em consideração as devidas proporções, esses documentos são *autênticos*, pois atestam ações e transações; são *imparciais*, pois nascem em consequência de um ato, no sentido de comprovar determinados fatos; são *acumulados naturalmente* em decorrência das necessidades dos processos em que se inserem e em virtude de serem frutos de determinadas atividades, e não coletados artificialmente; são *únicos*, uma vez que cada documento assume um lugar específico na estrutura documental à qual pertence; e, por fim, são *orgânicos*, pois as relações estabelecidas na vida dos indivíduos se refletem nos conjuntos documentais, e os vínculos entre os documentos de um mesmo arquivo traduzem a relação entre as atividades e ações que lhes dão origem. Sendo assim, o documento que compõe um arquivo pessoal não é um "documento menor".

Pesquisa, tratamento e preservação

Os arquivos são territórios das mais diversas falas, que expressam o percurso da vida de uma pessoa ou uma organização. Garantir que tais falas sejam plenamente escutadas não é uma tarefa simples. Nos últimos anos, face a tantas transformações tecnológicas e a novas demandas sociais por informação para a ciência, para a cultura e para o lazer, a arquivologia vem se confirmando como campo de conhecimento.

Cada vez mais, se reconhecem os arquivos como uma construção social por parte de um sujeito (individual ou coletivo) numa dada situação histórica. É preciso, como parte desse mesmo processo, viabilizar a fala de outro sujeito, o pesquisador, ou seja, aquele que solicita informações contidas nos arquivos.

No cenário atual, as redes de informação apresentam-se como espaços de novos modos de comunicação, enquanto submergem as estratégias convencionais de recuperar a informação. Submergem, mas não excluem as estratégias conceituais pautadas nos princípios básicos da arquivologia. Nesse sentido, o trabalho do arquivista deve estar aliado à teoria, de forma que todo o processo de tratamento documental seja feito de maneira correta e ajustada a normas preestabelecidas, seguindo, assim, uma metodologia que confira consistência e credibilidade à informação existente nesse acervo.

Em princípio, em um arquivo pessoal, encontramos a junção do material oriundo das atividades desenvolvidas por seu titular, por ele produzido ou recebido. No entanto, as especificidades desse conjunto indicam que ele ainda é lugar de lembrança, ou seja, onde as recordações do passado estão presentes, e o olhar sobre elas é carregado de significados particulares. É nesse sentido que os princípios teóricos arquivísticos tornam-se tão caros a esses acervos, pois um bom trabalho de organização documental não só garante a representação das atividades do produtor, como a própria imagem humana e social que este faz de si mesmo.

A falta de políticas de recolhimento e doação de arquivos pessoais a instituições de guarda torna essa atividade, em geral, um processo caótico, com documentos num estado incoerente e desordenado. Os arquivistas não devem, pois, esperar encontrar tais arquivos totalmente organizados em sistemas complexos e funcionais, salvo em alguns raros casos.

Indivíduos não são arquivistas de seu material cotidiano, nem têm a obrigação de ser. Em algumas situações, os produtores demonstram forte interesse de organização de seus acervos e, ao longo de sua vida, desenvolvem meios próprios de recuperação de seus documentos com estratégias inteligíveis inclusive aos outros; porém, essa não é uma regra.

De fato, quando estamos diante desses documentos, diversas formas de organização do material podem surgir ao arquivista, tornando o trabalho complexo e repleto de escolhas. A fim de garantir as diferentes possibilidades de interpretação que a leitura de seu conteúdo pode suscitar ao longo do tempo, os arquivos pessoais devem ser tratados a partir dos princípios teóricos arquivísticos que visam à manutenção do contexto em que os documentos foram produzidos.

Conhecer o arquivo, seus documentos constituintes, seu produtor, o período histórico compreendido etc. são partes do papel de pesquisa desempenhado pelo arquivista. A busca pela contextualidade expansiva do acervo visa criar um campo de referência o mais exaustivo possível sobre o fundo em questão.

Essa abordagem conjuga dois termos de relativa importância. O da contextualização, amplamente utilizado e aplicado em diferentes áreas acadêmicas, refere-se ao fato de se poder explicar determinado contexto de uma situação, acontecimento ou fato, seja ele público ou privado. E o da expansividade, relacionado à quantidade, ao volume e ao grau de profundidade, ou seja, ao grau de aprofundamento de pesquisas qualitativas em torno do contexto arquivístico.

A contextualidade expansiva visa garantir a oportunidade de reescrever a história do acervo da forma mais completa possível. Em arquivos pessoais, isso significa explorar ao máximo as fontes, os indivíduos, o arquivo e seus documentos constituintes. Envolve também não medir esforços para que a história de formação e custódia do arquivo possa ser contada.

O conceito de contextualidade expansiva se traduz em uma pesquisa ampliada, colocando o arquivista na posição de investigador. Para isso, este deve formular perguntas e estratégias próprias de nossa área. Essa exigência de intervenção de pesquisa, de construção científica, é algo que encontra muitas barreiras no universo arquivístico, fato este associado a uma tradição técnica que funda ainda hoje a prática profissional e nela se plasma. O papel de pesquisador do arquivista é essencial no tratamento de arquivos de origem pessoal.

Michel Duchein (1986) afirma que, para entender um documento, é essencial saber exatamente onde ele foi criado, no contexto de qual processo, para qual fim, para quem e como ele chegou às nossas mãos. O arquivista deve compreender as atividades, os procedimentos e os sistemas de informação que deram origem ao documento para poder identificá-lo, uma vez que seu valor de prova e seu conteúdo informativo são essencialmente predeterminados.

Por fim, além de entender a origem e o uso do arquivo, é importante conhecer a história da custódia, quem guardou os documentos, os usos que deles foram feitos, a história da gestão física e o movimento do arquivo ao longo do tempo, assim como o conhecimento da transferência de propriedade para a instituição de guarda e o cuidado subsequente dado a esses conjuntos.

Nesse momento, a pesquisa que subsidia a contextualidade expansiva visa não só ao conhecimento do arquivo e do produtor, mas exige que os arquivistas deem mais atenção a uma variedade de agentes e ações que moldam a estrutura e o significado de um arquivo. Esse ponto de vista – compatível com a visão da escrita pessoal apresentada na literatura sobre escrita da vida – sugere que, ao estudar, descrever e contabilizar as decisões e ações que levaram à construção de um arquivo e sua evolução ao longo do tempo, é possível fornecer uma imagem mais completa da sua natureza.

Essa atividade exige estudo de fontes externas, como jornais, revistas, artigos e trabalhos publicados, por ou sobre o produtor, assim como a utilização de documentos próprios do arquivo, como material biográfico, incluindo memoriais e currículos, correspondências, projetos, documentação referente a cargos e/ou trabalhos *freelance*, documentos de outras agências e atividades profissionais relacionadas.

Nesse âmbito, os documentos também são importantes pela possibilidade de apresentarem pistas sobre a organização do arquivo.

São instrumentos interessantes, por exemplo, listagens e inventários dos documentos, e títulos do arquivo, como declaração de interesse público e social, mapas com a ordem dos documentos, ou datas, gêneros e formas etc.

Destaca-se também o uso de entrevistas. O trabalho de reconhecimento e identificação pode ser ainda mais enriquecido com o contato exclusivo do doador, do produtor, de familiares ou de herdeiros, uma vez que o documento de arquivo pode ser mais facilmente compreendido ou interpretado ao reconhecer as razões pelas quais foi produzido e as condições que o originaram.

Por fim, ainda nesse aspecto de pesquisa, destacamos que, em algumas situações, os arquivistas têm acesso ao espaço de trabalho do produtor e podem visualizar documentos em prateleiras e arquivos, em computadores e caixas; em suma, podem observar de perto como o produtor usava e acessava seu arquivo. Esse tipo de ordem física possibilita ao profissional interpretar padrões de trabalho, uma vez que mantém evidências físicas de como um indivíduo viveu e trabalhou.

Apesar de previamente descritos, esses padrões iniciais de pesquisa fornecem informações essenciais para a elaboração de representações arquivísticas e subsidiam todo o trabalho com o acervo. Vale ressaltar que essas informações, assim como todo o processo de organização do arquivo, são de interesse também dos usuários e devem ser dispostos ao pesquisador, e não figurarem como parte de um código secreto a ser desvendado somente pelo profissional graduado para tal fim.

Aí está mais um desafio para a área, ou seja, a construção de instrumentos de pesquisa capazes de oferecer aos usuários maiores e melhores meios de conhecer o histórico e as tomadas de decisão que envolvem o tratamento do acervo.

Em outras palavras, documentar a prática de trabalho é um meio-chave de dar um salto nas formas como se entende o arquivo. Seja por meio de trabalhos publicados em congressos ou periódicos científicos, seja em seus programas de descrição, as atitudes tomadas – bem como as informações recolhidas sobre o produtor e seu arquivo, que possibilitam entender os contextos de produção, manutenção, transmissão e uso do acervo – devem ser divulgadas.

Portanto, documentar as tomadas de decisão, discutir com os pares e se tornar o principal pesquisador do arquivo é um dos papéis do arquivista na atualidade. Mais fundamentalmente, os arquivistas precisam sempre defender que eles são os primeiros interessados e, acima de tudo, pesquisadores do contexto dos documentos. Para entender os documentos, os arquivistas precisam conhecer tanto quanto possível as circunstâncias que os produziram, e isso exige mais que uma prática arquivística; é necessária uma atividade de pesquisa. Se continuarmos a ignorar esse aspecto do nosso trabalho, nossa tarefa como arquivistas permanecerá apenas pela metade.

Considerações finais

Os arquivos pessoais contêm documentação de vidas individuais e representam uma saída da formalidade coletiva e da organização sistêmica encontrada em outros tipos de acervo. A fim de garantir as diferentes possibilidades de interpretação que a leitura de seu conteúdo pode suscitar ao longo do tempo, os arquivos, especialmente os de caráter pessoal, devem ser tratados a partir dos princípios teóricos arquivísticos que visam à manutenção do contexto em que seus documentos foram produzidos.

Nessa perspectiva, cabe ao arquivista realizar uma criteriosa pesquisa que vise à contextualidade expansiva dos documentos. É parte do trabalho inicial de tratamento dos arquivos pessoais conhecer o arquivo e a história de sua produção, doação e recolhimento. A partir desse estudo, o profissional poderá compreender o conjunto documental e definir as abordagens, além de pensar o sistema de tratamento arquivístico a ser adotado, incluindo a preservação e o acesso. Dessa forma, é possível perceber a importância do profissional de arquivo como um pensador para o desenvolvimento de pesquisas científicas, e não apenas um executor de técnicas.

Enquanto documentos produzidos e acumulados por pessoas, tais arquivos preservam não apenas dados referentes ao seu intérprete, ao seu produtor, na execução de suas atividades cotidianas, mas também uma infinidade de relacionamentos familiares, sociais, profissionais, amorosos etc. Nesse sentido, são testemunhos físicos dos eventos vividos e das áreas de interesse e atuação, assim como dos papéis sociais desempenhados por seus titulares ao longo da vida. Representam, portanto, fontes importantes para estudos mais amplos, e precisam ser tratados à luz dos procedimentos arquivísticos na medida em que formam fundos orgânicos e representantes das atividades que lhes deram origem.

Referências

CAMARGO, Ana Maria; GOULART, Silvana. *Tempo e circunstância*: a abordagem contextual dos arquivos pessoais. Procedimentos metodológicos adotados na organização dos documentos de Fernando Henrique Cardoso. São Paulo: Instituto Fernando Henrique Cardoso, 2007.

CARDOSO, Ciro Flamarion; VAINFAS, Ronaldo (Org.). *Os domínios da história*: ensaios de teoria e metodologia. Rio de Janeiro: Campus, 1997.

CASANOVA, Eugenio. *Archivistica*. 2. ed. Siena: Arti Grafiche Lazzeri, 1928.

COX, Richard. *Arquivos pessoais*: um novo campo profissional: leituras, reflexões e reconsiderações. Belo Horizonte: Ed. UFMG, 2017.

DUCHEIN, Michel. O respeito aos fundos em arquivística: princípios teóricos e problemas práticos. *Arquivo & Administração*, Rio de Janeiro, p. 14-33, abr. 1986.

FONSECA, Maria. Odila. K. *A arquivologia e a ciência da informação*. Rio de Janeiro: FGV Ed., 2005.

HOBBS, Catherine. Vislumbrando o pessoal: reconstruindo traços de vida individual. In: EASTWOOD, Terry; MACNEIL, Heather (Org.).

Correntes atuais do pensamento arquivístico. Belo Horizonte: Ed. UFMG, 2016. p. 303-341.

JENKINSON, Hilary. *A manual of archive administration*: including the problems of war archives and archive making. Oxford: Oxford University Press, 1922.

MACÊDO, Patricia Ladeira Penna. *Um estudo sobre o princípio da ordem original em arquivos pessoais*. Tese (doutorado) – UFF, Niterói, 2018.

MULLER, S.; FEITH, J. A.; FRUIN, R. *Manual de arranjo e descrição de arquivos*. 2. ed. Trad. Manoel Adolpho Wanderley. Rio de Janeiro: Arquivo Nacional, 1973.

SCHELLENBERG, T. R. *Arquivos modernos*: princípios e técnicas. 6. ed. Rio de Janeiro: FGV Ed., 2006.

STAPLETON, Richard. Jenkinson and Schellenberg: a comparison. *Archivaria*, n. 17, p. 75-85, jan. 1983. Disponível em: <http://archivaria.ca/index.php/archivaria/article/view/11021>. Acesso em: 2 jun. 2017.

VENÂNCIO, Renato Pinto. Onde estão os arquivos pessoais? Uma sondagem. In: OLIVEIRA, Lucia Maria Velloso; PANISSET, Bianca Therezinha Carvalho; OLIVEIRA, Isabel Cristina Borges de. *Arquivos pessoais e cultura*: o direito à memória e à intimidade. Rio de Janeiro: Fundação Casa de Rui Barbosa, 2016. p. 59-73.

11

Arquivologia e ciência da informação: complementaridades teóricas e empíricas

Carlos Alberto Ávila Araújo
Cintia Aparecida Chagas

Um capítulo sobre as relações entre arquivologia e ciência da informação num livro dedicado à arquivologia é claramente justificável. Afinal, parte considerável de dissertações e teses em temáticas arquivísticas é defendida em programas de pós-graduação em ciência da informação; muitos artigos em arquivologia estão em periódicos de ciência da informação, assim como muitos cursos de arquivologia estão em escolas de ciência da informação. Tais fatos não são obra do acaso. Existem razões que os explicam.

Muitas discussões sobre as relações entre arquivologia e ciência da informação se voltam para uma dimensão mais disciplinar, buscando localizá-las no "mapa" das áreas científicas. Muitas vezes, tais discussões acabam se dirigindo para questões de hierarquia entre elas ou tentativas de estabelecimento de fronteiras, e acabam por derivar para aspectos pessoais ou políticos. Discutir as relações teóricas (a construção de conceitos, modelos e métodos de estudo) e empíricas (as realidades, os fenômenos que são estudados) parece ser uma possibilidade de discussão muito mais interessante e fecunda.

Nesse sentido, o presente capítulo se estrutura da seguinte forma: inicialmente, há uma apresentação da ciência da informação como área de conhecimento; a seguir, alguns apontamentos sobre o desenvolvimento da arquivologia e, depois, um levantamento de aspectos comuns entre as duas áreas. Por fim, como encaminhamento da discussão, considerando-se que o objetivo de todas as ciências é a contribuição para uma sociedade melhor, propõe-se que a maneira mais produtiva de pensar nas relações entre os dois campos é a partir do estímulo a ações de cooperação entre elas e de aceitação, como elemento positivo, de suas sobreposições e pontos comuns.

O desenvolvimento da ciência da informação

A ciência da informação é uma disciplina científica que surgiu na década de 1960. Seu surgimento, porém, é resultado direto de alguns fatos que ocorreram anteriormente. O primeiro deles foi o surgimento da área de documentação no início do século XX. A documentação nasceu como uma área de atuação em busca da cooperação de diferentes agentes e instituições (bibliotecas, arquivos, museus, centros de memória) para a produção de um repertório de todo o conhecimento humano registrado. Dentro dela também se desenvolveu uma teorização em torno da definição do objeto de estudo, definido como o "documento", isto é, o conhecimento humano registrado nos mais distintos suportes e formatos (livros, revistas, jornais, teses, fotografias, fonogramas, cartas, selos etc.).

O segundo fato deu-se com a criação de uma categoria profissional inicialmente denominada "bibliotecários especializados", também no início do século XX, que eram bibliotecários dedicados a uma única área do conhecimento científico e voltados para as diversas atividades de busca, produção de resumos, traduções, difusão e disseminação de informações a ela relacionadas.

O terceiro fato relaciona-se com a atividade de alguns cientistas, nas décadas de 1930 e 1940, que resolveram deixar de realizar pesquisas em suas próprias áreas e passaram a atuar coletando informações, produzindo resumos, cópias e disseminando informação científica para seus pares. Depois de algum tempo, tais cientistas passaram a se autodenominar "cientistas da informação".

O quarto fato tem relação com o desenvolvimento tecnológico. Na década de 1920, foi inventado o microfilme. Seu uso provocou grandes mudanças nas práticas de tratamento e preservação dos documentos, mas também no âmbito da teorização. A percepção de que era possível "migrar" o conteúdo do documento de um suporte para outro conduziu à construção, tempos depois, do conceito de "informação" como o conteúdo objetivo de um documento que pode ser destacado de seu suporte material. O desenvolvimento dos computadores e tecnologias digitais nas décadas seguintes aprofundou a percepção desse processo e permitiu a consolidação desse entendimento.

Após a Segunda Guerra Mundial, o termo "informação" passou a ser muito comum nos ambientes governamentais, científicos e militares, sobretudo ligado à informação científica e tecnológica, uma vez que ela era vista como um recurso fundamental para garantir possibilidades de vitória a um país no contexto de conflitos ou guerras. Assim, nos países que se destacaram como os vencedores do conflito (Estados Unidos, União Soviética e Reino Unido), diversas iniciativas foram se realizando no sentido de mapear a produção, a circulação e o uso da informação científica e desenvolver estratégias de controle e intervenção nesses processos. Nesses países, nasceu, na década de 1960, a ciência da informação, fortemente condicionada por tais interesses militares e estratégicos.

Nesse período de construção da nova disciplina científica, era necessário ter uma teoria e um conceito científico de informação. Eles foram encontrados na teoria matemática da comunicação, desenvolvida por dois engenheiros de telecomunicações, Claude Shannon e Warren Weaver, em 1949. Ali estava uma teoria que entendia a comunicação como essencialmente um processo de transmissão, de transporte de mensagens de um emissor a outro, sendo a informação a medida de probabilidade das mensagens, isto é, o conjunto de mensagens possíveis a serem escolhidas por um emissor numa dada situação de comunicação (ou, para ficar num exemplo atual, o conjunto de possibilidades de resposta diante de uma questão formulada num motor de busca). O desafio estava colocado: garantir a máxima eficácia e eficiência desse processo, em termos de menor custo, menor perda, maior exatidão, maior rapidez.

Muitas foram as definições de ciência da informação que surgiram naquele momento. A mais conhecida é a de Harold Borko, publicada em 1968, na qual ele afirma que a ciência da informação é

> a disciplina que investiga as propriedades e o comportamento da informação, as forças que regem o fluxo da informação e os meios de processamento da informação para um máximo de acessibilidade e uso. O processo inclui a origem, disseminação, coleta, organização, armazenamento, recuperação, interpretação e uso da informação [Robredo, 2003:55].

Estão aí os elementos que caracterizam a ciência da informação no momento de seu surgimento, na década de 1960, e que marcam a novidade de sua contribuição. Há uma renovação da valorização dos registros do conhecimento humano – em suas várias formas e tipologias –, bem como da sua importância (no caso, o desenvolvimento científico e tecnológico, aliado aos interesses militares e geopolíticos), e ainda uma atenção aos vários processos a que tais registros são/podem ser submetidos ou com os quais se envolvem: sua criação, sua descrição, sua classificação, sua disseminação, sua circulação, seu uso – o que é normalmente conhecido como "cadeia de informação" (Bawden e Robinson, 2012).

Naturalmente que, ao propor um olhar tão geral ou abrangente sobre a produção dos registros de conhecimento humano, a ciência da informação voltava também seu olhar para práticas ou ações estudadas e desenvolvidas por outras ciências – como a biblioteconomia, a arquivologia, a museologia, o jornalismo, a educação. A proposta, contudo, nunca foi de tomar o lugar ou substituir cada uma dessas áreas, mas sim produzir um olhar a mais, isto é, novas problematizações sobre objetos, processos e fenômenos já estudados por essas outras ciências. Trata-se, pois, de uma sobreposição intencional: ao refletir sobre os fluxos da informação na sociedade, os "caminhos" percorridos pelos documentos e os sujeitos e instituições que atuam nesses fluxos, a ciência da informação acabava por estudar, em algum momento, também as práticas biblioteconômicas, arquivísticas, museológicas e outras, mas a partir de seus referenciais próprios. Estabelece-se aí uma primeira contribuição relevante: essa busca por um olhar abrangente sobre todas as formas de "existência" possíveis de um conhecimento, a articulação existente entre diferentes atores e instituições, a incidência de distintos saberes (biblioteconômicos, arquivísticos, computacionais, pedagógicos, jornalísticos etc.) sobre os fluxos e o processamento da informação.

Nas décadas seguintes, a ciência da informação incrementou-se e passou por grandes ampliações. A principal delas foi o estabelecimento de determinadas subáreas que obtiveram certa autonomização com o desenvolvimento de pesquisas focadas em aspectos mais específicos. Entre essas subáreas, destacam-se os estudos em representação da informação, em gestão da informação, sobre os usuários da informação, a economia política da informação, a comunicação da informação científica e tecnológica e os estudos métricos. Articulando problemáticas mais específicas, buscando diálogo com ciências diferentes, tais subáreas ampliaram o escopo da ciência da informação e produziram conhecimento sobre distintos aspectos dos fenômenos informacionais.

No final da década de 1970, alguns questionamentos mais fundamentais sobre o próprio conceito de informação fizeram com que a área, como um todo, se voltasse para a busca de novos modelos teóricos em alternativa ao modelo transmissivo da década de 1960. Influenciaram esse processo a crescente automação dos sistemas de informação, o aumento das preocupações com o atendimento ao cliente vindas da administração e o sucesso que o cognitivismo vinha obtendo nos meios científicos, em várias disciplinas. Assim, na ciência da informação, a partir da crítica ao que chamavam de uma perspectiva "física" de estudos, pesquisadores desenvolveram um modelo alternativo, dito "cognitivo", que reconstruía o conceito de informação a partir da tríade dado/informação/conhecimento. De uma perspectiva que tomava a informação como um fenômeno "objetivo", passou-se a uma perspectiva subjetivista, e o desafio da ciência da informação passou a ser, sobretudo, a adequação dos processos relativos à informação (representação, gestão, recuperação) conforme as lógicas de necessidades, interesses e processos de buscas dos usuários – uma perspectiva "*user centered*" (Davis e Shaw, 2011). Tal modelo teórico espalhou-se por todas as subáreas, convertendo-se numa espécie de "paradigma" do campo, que se tornou hegemônico nas décadas de 1980 e 1990.

Entre as principais contribuições dessa perspectiva está a centralidade dada aos usuários. Tornou-se imprescindível conhecer suas experiências, desejos, interesses e habilidades para que se construíssem sistemas e serviços de informação – em vez de se ter como referência apenas os atributos técnicos e os saberes profissionais. Também, nesse sentido, o desenvolvimento de ferramentas e processos de busca e recuperação da informação é outra contribuição, articulando processos de entrada e saída de documentos em sistemas de informação. Outra consequência desse momento vivido pela área foi sua introdução nos ambientes empresariais, onde mapear fluxos, determinar tipos e qualidades de fontes de informação e potencializar o uso e sua articulação com produtividade e atividade profissional ampliaram imensamente a presença da ciência da informação.

No começo do século XXI, novos desafios e questões se colocaram para a ciência da informação. A ampla disseminação dos computadores pessoais, da internet, dos motores de busca e das redes sociais alterou profundamente a questão do "acesso" à informação, questão que era emergencial na década de 1960. Já não se trata mais de buscar instrumentos para disponibilizar dados produzidos por um sujeito a outros sujeitos, mas de: garantir, na torrente de fluxos informacionais, a representatividade das várias posições, a pluralidade; buscar condições de satisfazer novas demandas, já que os sujeitos não querem apenas acessar informação, e sim também produzir, classificar, organizar; suplantar o caráter puramente comercial de poucos motores de busca que possuem uma situação hegemônica e favorecem a recuperação de um leque restrito de informações; garantir a preservação dos conhecimentos produzidos nos ambientes digitais, sobretudo em empresas comerciais que oferecem serviços de redes sociais; possibilitar que o amplo acesso às informações resulte num uso efetivamente crítico e emancipatório para a construção de sociedades melhores.

Os desafios atuais colocados no campo informacional conduziram à percepção de que os modelos teóricos vigentes eram insuficientes. Em vez de modelos puramente mentalistas, como se os sujeitos fossem apenas "cérebros" existindo no mundo, eram necessários modelos que entendessem os sujeitos inseridos na realidade, mergulhados em aspectos políticos, econômicos, culturais e sociais de suas ações. Em vez de perspectivas transmissivas, em que os fenômenos informacionais pareciam destacados da vida, colocava-se a necessidade de pensamentos pragmatistas, que buscassem vincular as informações a seus contextos, e atentas ao seu caráter constitutivo – a informação constitui a realidade e constitui os sujeitos. À perspectiva subjetivista do modelo cognitivo, seguiu-se a proposta de uma mirada intersubjetiva, vendo a informação como produto das interações sociais. Nos últimos anos, constituiu-se uma perspectiva social, ou sociocultural, ou pragmática da informação, que também se espalhou pelas diferentes subáreas do campo. Alguns exemplos de suas manifestações são as folksonomias e a análise de domínio (na representação da informação), as práticas informacionais, a mediação da informação e a competência crítica em informação (nos estudos de usuários), a cultura organizacional e a orientação informacional (na gestão da informação), a curadoria digital e o movimento do acesso livre à informação (na comunicação da informação científica), a arqueologia da sociedade da informação, a ética intercultural da informação e os regimes de informação (na economia política da informação), a altimetria e os estudos em rede (nos estudos métricos) e a consolidação da subárea de estudos em informação e memória, com perspectivas como as humanidades digitais e a neodocumentação (Araújo, 2018). São todas perspectivas mais adequadas para o estudo das dimensões ideológicas e de poder nas quais se envolvem os fenômenos informacionais, bem como aos papéis constitutivos, da cultura e das identidades dos sujeitos, que são efetivados por meio da informação.

O desenvolvimento da arquivologia e pontos de contato com a ciência da informação

Antes de relacionar os caminhos da arquivologia com os da ciência da informação, é preciso assinalar que a primeira é muito anterior à segunda. Clarissa Schmidt (2012) propõe uma divisão que trata de um primeiro momento desde a invenção da escrita até a Revolução Francesa (1789), no qual não é possível falar em arquivologia enquanto disciplina científica. Após esse período, a história da arquivologia pode ser dividida em três momentos: arquivologia clássica (da Revolução Francesa até meados da década de 1940); arquivologia moderna (de meados da década de 1940 até o final da de 1980); arquivologia contemporânea (após o final da década de 1980).

É com base nesse quadro que desenvolvemos, a seguir, a discussão sobre arquivologia, focando apenas na arquivologia moderna e na contemporânea, já que foram elas que se desenvolveram paralelamente à ciência da informação.

A gestão de documentos no contexto da "arquivística moderna"

A década de 1940 é de fundamental importância para uma ampliação do foco dos arquivos como instituições e para a ciência arquivística. Nesse período, inicia-se o que Schmidt (2012) chama de "arquivística moderna". O período do pós-Segunda Guerra foi marcado por uma preocupação com o aumento de volume da produção documental e a complexidade da administração burocrática – tal preocupação, como visto no tópico anterior, também levou ao surgimento da ciência da informação na década de 1960. Nesse contexto, surgiu o modelo do ciclo vital, que adota a metáfora orgânica para descrever os estágios da existência de um documento. Trata-se de uma representação linear das fases de um documento desde sua criação em uma unidade administrativa até sua destruição ou preservação permanente (Dingwall, 2016).

Em oposição ao que preconizava Hillary Jenkinson, em sua obra *Manual of archive administration*, publicada pela primeira vez em 1922

(Jenkinson, 1937), Phillip Brooks e, mais tarde, Theodore Schellenberg defendiam a intervenção do arquivista na avaliação e seleção de documentos em cooperação com os gestores de documentos (*records managers*).[1] Hillary Jenkinson defendia que o arquivista não deveria envolver-se com as decisões relativas à avaliação de documentos. Segundo ele, somente os criadores dos documentos seriam considerados capazes de, legitimamente, destruí-los.

Surgiu, então, com Brooks (1940), a noção de que os documentos possuem dois tipos de valor: um para o órgão de origem e outro para os pesquisadores. No que tange ao valor para o órgão de origem, Brooks reconhecia o uso relacionado à eficiência administrativa e à proteção contra reclamações de todo tipo, além de uma segunda categoria relacionada ao interesse da história administrativa do órgão produtor de documentos. No que se refere ao valor para pesquisadores de diversas áreas, o autor destaca a noção de valor histórico. Essas categorias de valor são desenvolvidas por Theodore Schellenberg, em livro publicado originalmente em 1956 (Schellenberg, 2006), como valores primários e secundários. Os valores primários dizem respeito ao cumprimento dos objetivos para os quais os documentos foram criados, sejam eles administrativos, fiscais, legais ou executivos. Já os valores secundários são aqueles que persistirão por muito tempo ainda, depois de cessado o uso corrente. Os valores secundários se dividem em valor probatório (evidencial) e informativo. Os valores probatórios seriam os valores decorrentes da prova que contêm referente à organização e ao funcionamento do órgão gerador do documento. Esclarece-se que esse valor probatório nada tem a ver com o valor de prova legal; o autor refere-se a um valor relacionado com a evidência das ações de seus produtores. Os valores informativos seriam aqueles relacionados à informação que o documento contém sobre pessoas, entidades, coisas, problemas, condições etc. com os quais o órgão tenha tratado. Cabe ressaltar, conforme afirma o próprio autor, que esses valores não são mutuamente excludentes.

[1] No mundo anglo-saxão, as profissões de arquivista (*archivist*) e gestor de documentos (*record manager*) são separadas.

Àquela altura não era mais possível pensar os arquivos como repositórios daquilo que os administradores legassem à sua guarda, de modo passivo. Marco desse momento foi a própria mudança, em 1949, nos Estados Unidos, do nome do National Archives para National Archives *and* Records Service (NARS), que passou a se subordinar ao General Services Administration (GSA), quando ganhou atribuições relativas aos documentos correntes.

Assim, em 1950, foi promulgada a Lei de Arquivos nos Estados Unidos estabelecendo a doutrina da gestão de documentos (*records management*), focando na eficácia administrativa, estabelecendo práticas diferentes dos *documents* com foco nos documentos de guarda permanente. Tal doutrina influenciou reformas dos arquivos ingleses em 1952 e o modelo de gestão de documentos no Canadá (Schmidt, 2012).

Tendências contemporâneas

Nas últimas décadas, verificam-se tendências que buscam responder às demandas relativas à produção e gestão dos documentos na contemporaneidade. Entre essas tendências, destacam-se três, que serão apresentadas a seguir: a arquivística pós-moderna; a diplomática contemporânea; a arquivística integrada e o modelo do *records continuum*.

O arquivista canadense Terry Cook pode ser considerado um dos principais expoentes daquilo que ficou conhecido como arquivística pós-moderna. Ele defende um novo tipo de arquivologia, calcada nas transformações por que o mundo passou na pós-modernidade. Tais mudanças refletem-se, entre outros aspectos, no entendimento dos documentos, que segundo ele deixam de ser vistos como objetos físicos estáticos, passando a ser entendidos como conceitos virtuais dinâmicos. O documento deveria deixar de ser visto como produto passivo da atividade humana ou administrativa para ser visto como agente ativo na formação da memória humana e organizacional. Os arquivistas deveriam, portanto, deixar de se identificar como guardiões passivos para celebrarem seu papel na formação ativa da memória coletiva (Cook, 2012).

Em relação à avaliação dos documentos, as ideias de Terry Cook, juntamente com as de Hans Booms, Gerald Ham, Helen Samuels e Richard Brown são a base do pressuposto teórico da macroavaliação, desenvolvida e implementada no Arquivo Nacional do Canadá. Esses autores defendem que são os valores sociais que devem compor as bases da valoração.

Helen Samuels (1986) e Hans Booms (1987, 1991-1992) construíram modelos que tinham como foco a ideia de documentar as relações da sociedade com o Estado, mais que documentar o Estado. O pressuposto é preservar documentação que reflita os valores da sociedade em determinado período histórico. Assim, Samuels discute o modelo de estratégia documental, e Hans Booms, o plano documental. O ponto de convergência entre esses modelos é o entendimento de que não há imparcialidade no processo de seleção de documentos para guarda permanente e que, portanto, há que se considerar as relações sociais nesse processo e garantir a participação de diversos atores sociais.

Terry Cook (2012), ao justificar a macroavaliação, considera que o importante nesse processo é refletir as relações da sociedade com o Estado e não documentar o governo, como no modelo de avaliação de Theodore Schellenberg. Outra justificativa para a construção desses modelos é o entendimento de que uma sociedade interconectada, com relações extremamente intrincadas entre agentes públicos e privados, não pode ver seus arquivos de modo isolado e deve considerar a contribuição dos diversos atores para a formação do patrimônio documental de uma nação. O desenvolvimento das tecnologias digitais da informação e comunicação e a proliferação de documentos natodigitais de forma massiva são considerados cruciais para modificações na forma como os documentos devem ser tratados.

Outra leitura do momento atual e sua influência nos arquivos é apresentada por Luciana Duranti, principal representante do que ficou conhecido como diplomática contemporânea. No seu ponto de vista, os fundamentos da área não são abalados com as alterações nos modos de produzir documentos, e o que deve haver é outro entendimento dos princípios arquivísticos, deslocando-os do suporte material para o conteúdo. Duranti (1994:1) propõe utilizar "a arquivologia como o físico utiliza a câmara de neblina: provocando um choque entre elementos desconhecidos e elementos conhecidos, poderíamos descobrir a natureza do que é ou aparenta ser novo". Ela acredita que o fracasso dos arquivistas em lidar com os documentos contemporâneos é devido a uma deficiência de seu conhecimento profissional – deficiência essa que se tornou evidente com as mudanças decorrentes do uso da tecnologia eletrônica na criação, manutenção e preservação dos registros documentais. Os arquivistas associaram as propriedades dos documentos e sua capacidade de funcionar como prova aos atributos físicos do suporte. Assim, enquanto nos documentos tradicionais o contexto administrativo em geral estava inserido em seus elementos externos ou internos e em suas relações físicas, nos digitais o contexto revela-se na documentação complementar (Duranti, 1994). Os estudos da diplomática contemporânea têm como base a ideia de que os mesmos elementos contidos nos documentos históricos estão contidos nos documentos contemporâneos. Tognoli e Guimarães (2009) destacam o importante papel da tipologia documental e da diplomática para os novos contextos de produção documental, com estruturas mais flexíveis e horizontais, inclusive em relação aos documentos digitais. Esses documentos trazem para o arquivista o desafio de mantê-los inalterados, de forma a garantir o acesso a eles, sua autenticidade e fidedignidade nos sistemas em que foram gerados.

A arquivística integrada é uma perspectiva inaugurada em 1980 com o artigo de Ducharme e Rousseau, que apresenta uma visão sistêmica do fluxo documental. Dois anos depois, Couture e Rousseau formalizam a busca, pela arquivologia do grupo de Québec, de uma síntese dos *records management* e da *archives administration*, a partir de uma visão global dos arquivos, considerando a gestão de documentos no campo de ação da arquivologia, isto é, abarcando as tradicionalmente chamadas três idades dos documentos numa perspectiva integrada (Couture et al., 1999). Reforçam a necessidade de iniciar o tratamento arquivístico no momento da produção do documento, pois frente à grande produção de documentos digitais, se isso não acontecer, a aplicação de princípios como a proveniência e da teoria das três idades ficará inviável (Schmidt, 2012).

Outra tendência contemporânea é o modelo do *records continuum*, surgido na década de 1980 para explicar os processos por que passam os documentos desde sua produção, em substituição ao modelo do ciclo vital (Atherton, 1985-1986). Tal modelo nasceu da insatisfação com a percepção de linearidade e compartimentalização do modelo anterior, tendo suas origens no trabalho de Ian Maclean, Peter Scott e outros arquivistas australianos, e se desenvolveu como prática adotada pelo Arquivo Nacional da Austrália, sendo aprimorada por pesquisadores da Universidade de Monash. Os teóricos desse modelo defendem que o crescimento da complexidade das estruturas organizacionais dos governos e das empresas fez com que estas se afastassem das formações burocráticas weberianas do século XIX, com a distribuição de tarefas por toda a estrutura organizacional em detrimento de um modelo estritamente hierárquico. Daí a dificuldade de aplicar a mesma fórmula do ciclo vital de maneira global a todos os arquivos em uma intrincada rede de proveniência e as dificuldades enfrentadas pelos arquivos permanentes na tentativa de aplicar procedimentos arquivísticos rigidamente diferenciados aos contextos muito mais fluidos, como os de criação e uso primário dos documentos. Do mesmo modo, o desafio de gerenciar e preservar documentos eletrônicos em que é muito difícil distinguir as fronteiras entre os estágios do ciclo vital e a complexidade de sua preservação foram as bases de sustentação desse modelo (Dingwall, 2016).

Conforme apontado na seção "O desenvolvimento da ciência da informação", o desenvolvimento das tecnologias digitais influenciou fortemente a ciência da informação. Também a arquivologia precisou se adaptar a esse mundo em mudança, em que os sujeitos interagem das mais diversas formas com o Estado e têm demandas diferenciadas no que tange ao acesso e uso dos documentos arquivísticos como conjunto constituído por informação e suporte. As tecnologias digitais transformaram a forma como nos relacionamos com os documentos, trazendo benefícios relativos à facilitação do acesso, mas também trouxeram desafios para a gestão de documentos em variados suportes e formatos. Elas possibilitaram maior interação entre a sociedade e o poder público, tornando mais complexo o entendimento do que constitui o documento arquivístico e a garantia da fidedignidade e autenticidade dos documentos.

Uma confluência de questões

Os dois tópicos anteriores procuraram evidenciar que tanto a ciência da informação quanto a arquivologia são áreas de conhecimento em sintonia com as questões sociais (e culturais, tecnológicas, políticas) de cada época e contexto. Assim é que os conhecimentos produzidos nelas acabam por se constituir em respostas a demandas colocadas, problemas enfrentados, desafios propostos.

Como apontado, há, entre elas, algumas sobreposições. A ciência da informação muitas vezes acaba estudando e discutindo políticas, práticas ou instituições arquivísticas, embora seu olhar não seja um olhar desde a perspectiva arquivística. Igualmente, a arquivologia preocupa-se com as dinâmicas informacionais, com o acesso à informação, a transparência e outras questões que também estão no escopo daquilo com o que a ciência da informação se preocupa.

O que caracterizou a arquivologia moderna foi a necessidade de gerenciar grandes volumes documentais, considerando seu ciclo de vida, desde sua criação em alguma unidade administrativa, seu uso e sua destinação final. Existe uma sintonia muito grande entre essa perspectiva e a proposta original da ciência da informação de estudar os vários modos de existência da informação, isto é, as diferentes manifestações materiais de uma mesma ideia (por exemplo, como texto em anais de congressos, ensaio, livro) e os distintos processos que incidem sobre elas (descrição, classificação, disseminação, reprodução etc.).

Particularmente no âmbito dos intercâmbios conceituais, é importante ressaltar o quanto a perspectiva contemporânea de estudos na ciência da informação, calcada na ideia de que a informação é um processo (por meio do qual os sujeitos, no decurso de suas ações políticas, administrativas, jurídicas, pedagógicas, lúdicas, artísticas etc., produzem e utilizam registros de conhecimento) vinculado a uma ação, é devedora da inspiração arquivística que sempre ligou os documentos às ações das quais se originaram e das quais expressam testemunho e efeitos. Além disso, diversos problemas e questões arquivísticas (autenticidade dos documentos, proteção de privacidade e sigilo, garantia de acesso à informação, transparência) vêm se colocando também como objetos de estudo da ciência da informação nas últimas duas décadas.

Ao longo de sua existência, a ciência da informação, ao tentar se distanciar do conceito de "documento" em direção ao de "informação", acabou por focar quase exclusivamente os conteúdos dos documentos, desconsiderando, por vezes, tanto sua materialidade quanto questões relacionadas com sua autenticidade – algo central na arquivologia, ressaltado, sobretudo, pela diplomática contemporânea e que acabou por ser recuperado na ciência da informação justamente a partir desse diálogo entre elas.

Paralelamente, reflexões importantes sobre instrumentos de pesquisa automatizados com foco no usuário, nos fundos arquivísticos e sobre as interfaces desses instrumentos são aspectos que ganharam maior atenção na arquivologia a partir do diálogo com a ciência da informação. Conhecer os usuários, estudá-los e desenvolver ações para melhorar suas experiências no conhecimento e uso dos fundos arquivísticos – a ideia de mediação arquivística – também foi algo incrementado a partir de aproximações com a ciência da informação.

As reflexões sobre as dimensões sociais dos documentos, trabalhadas pela arquivologia pós-moderna, também encontram similaridade com a noção do caráter constitutivo que a informação possui para a cultura e a formação das identidades, noção presente nas perspectivas contemporâneas da ciência da informação. Tais perspectivas também questionam a linearidade dos modos de vida da informação, preconizados pelas perspectivas da teoria matemática e do modelo de Borko, de um modo que guarda proximidades com a crítica da linearidade do ciclo de vida dos documentos arquivísticos feita pelo modelo do *records continuum*.

A convivência entre as duas áreas e a fertilização recíproca de saberes é algo que efetivamente ocorreu nas últimas décadas, com benefícios para ambas. Contudo, o benefício maior está além delas, pois os objetivos últimos de ambas convergem: a construção de sociedades mais democráticas, mais justas, mais inclusivas – tanto do ponto de vista político, econômico e social como também no âmbito informacional, do patrimônio, da memória. Isso é particularmente relevante no momento atual. Alguns desafios vêm se apresentando e exigindo respostas, tais como o fenômeno da pós-verdade – a circulação sistemática de informações falsas que têm sido usadas pelas pessoas para fundamentar suas ações e decisões políticas, econômicas, educacionais, de saúde etc., sendo que as pessoas hoje têm a possibilidade de checar a veracidade das informações, mas não o fazem (Kakutani, 2019; McIntyre, 2018). Outra questão relevante é o fenômeno do *big data* (os gigantescos volumes de dados) e a importância da confiabilidade, privacidade, segurança e proteção dos registros (García-Alsina, 2017; Caballero e Martín, 2015). Ainda pode ser mencionada a concentração da recuperação da informação em poucas fontes e serviços de informação a partir da hegemonia de poucos motores de busca e redes sociais, como vem sendo denunciado pelas perspectivas de estudos em multiculturalismo e defesa da pluralidade (Gutierrez, 2008; Rattansi, 2011), entre outros. Muitos diagnósticos vêm sendo produzidos sobre tais fenômenos, e, se existe algum consenso, é o de que não será apenas uma única ciência que produzirá as respostas necessárias para compreendê-los e atuar frente a eles. Será necessária uma cooperação e atuação conjunta. Nesse sentido, ações de parceria entre a arquivologia e a ciência da informação serão sempre práticas muito relevantes para o efetivo cumprimento de suas vocações científicas.

Referências

ARAÚJO, C. A. A. *O que é ciência da informação*. Belo Horizonte: KMA, 2018.

ATHERTON, Jay. From life cycle to continuum: some thoughts on the records management – Archives relatioytship. *Archivaria*, n. 21, p. 43-51, inverno 1985-1986.

BAWDEN, D.; ROBINSON, L. *Introduction to information science*. Londres: Facet, 2012.

BOOMS, Hans. Society and the formation of a documentary heritage: issues in the appraisal of archival sources. *Archivaria*, n. 24, p. 69-107, verão 1987.

____. Uberlieferungsbildung: Keepingarchives as a social and political activity. *Archivaria*, n. 33, p. 25-33, inverno 1991-1992.

BROOKS, Phillip Coolidge. The selection of records for preservation. *The American Archivist*, v. 3, n. 4, p 221-234, out. 1940.

CABALLERO, R.; MARTÍN, E. *Las bases de big data*. Madri: Catarata, 2015.

COOK, Terry. Arquivologia e pós-modernismo: novas formulações pra velhos conceitos. *Informação Arquivística*, v. 1, n. 1, 2012.

COUTURE, C. et al. *Les fonctions de l'archivistique contemporaine*. Québec: Presses de l'Université du Québec, 1999.

DAVIS, C.; SHAW, D. (Ed.). *Introduction to information science and technology*. Medford: Information Today, 2011.

DINGWALL, Glenn. Modelo do ciclo vital e modelo do *continuum*: uma visão das concepções de organização arquivística desde o período do pós-guerra. In: EASTEWOOD, Terry; MACNEIL Heather (Org.). *Correntes atuais do pensamento arquivístico*. Belo Horizonte: Ed. UFMG, 2016. p. 205-235.

DUCHARME, J.; ROUSSEAU, J. Y. L'interdépendance des archives et de la gestion des documents: une approache globale de l'Archivistique. *Archives*, v. 12, n. 1, p. 5-28, jun. 1980.

DURANTI, L. Registros documentais contemporâneos como provas de ação. *Estudos Históricos*, Rio de Janeiro, v. 7, n. 13, p. 49-64, 1994. Disponível em: <http://bibliotecadigital.fgv.br/ojs/index.php/reh/article/view/1976>. Acesso em: 5 maio 2019.

FONSECA, Maria Odíla. Informação e direitos humanos: acesso às informações arquivísticas. *Ciência da Informação*. Brasília, v. 28, n. 2, 1999.

GARCÍA-ALSINA, M. *Big data*: gestión y explotación de grandes volúmenes de datos. Barcelona: UOC, 2017.

GUTIERREZ, A. Garcia. *Outra memória é possível*: estratégias descolonizadoras do arquivo mundial. Petrópolis: Vozes, 2008.

JENKINSON, Hillary. *A manual of archive administration*. Londres: Percy Lund, Humphries & Go Ltd., 1937. (Nova edição revisada).

KAKUTANI, M. *La muerte de la verdad*: notas sobre la falsedad en la era Trump. Barcelona: Galaxia Gutemberg, 2019.

MCINTYRE, L. *Posverdad*. Madri: Cátedra, 2018.

RATTANSI, A. *Multiculturalism*: a very short introduction. Nova York: Oxford University Press, 2011.

ROBREDO, J. *Da ciência da informação revisitada aos sistemas humanos de informação*. Brasília: Thesaurus, 2003.

SAMUELS, Helen Willa. Who controls de past. *American Archivist*, p. 110-124, primavera 1986.

SCHELLENBERG, T. R. *Arquivos modernos*: princípios e técnicas. 6. ed. Rio de Janeiro: FGV Ed., 2006.

SCHMIDT, Clarissa Moreira dos Santos. *Arquivologia e construção do seu objeto científico*: concepções, trajetórias, contextualizações. Tese (doutorado) – USP, São Paulo, 2012.

TOGNOLI, Natália Bolfarini; GUIMARÃES, José Augusto Chaves. A diplomática contemporânea como base metodológica para a organização do conhecimento arquivístico: perspectivas de renovação a partir das ideias de Luciana Duranti. In: CONGRESO ISKO ESPAÑA, 9., 2009. Valencia. *Anais*... Valência: Isko España, 2009. p. 23-35.

Autores

Adriana Cox Hollós
Doutora em ciência da informação, mestre em memória social e graduada em museologia. Professora do Programa de Pós-Graduação em Preservação de Acervos de Ciência e Tecnologia do Museu de Astronomia e Ciências Afins (Mast). Atua como conservadora e restauradora na Coordenação de Preservação do Acervo do Arquivo Nacional.

Anna Carla Almeida Mariz
Pós-doutora em ciência da informação pelo Programa de Pós-Graduação em Ciência da Informação da Universidade Federal Fluminense (UFF) e Faculdade de Letras da Universidade do Porto. Doutora em ciência da informação pelo Instituto Brasileiro de Informação em Ciência e Tecnologia (Ibict) da Universidade Federal do Rio de Janeiro (UFRJ). Mestre em memória social e documento pela Universidade Federal do Estado do Rio de Janeiro (Unirio). Especializada em documentação e informação pelo Ibict/UFRJ. Graduada em arquivologia pela Unirio. Professora associada do Departamento de Arquivologia e do Programa de Pós-Graduação em Gestão de Documentos e Arquivo, ambos da Unirio. Líder do grupo de pesquisa Registros Visuais e Sonoros: Arquivo e Memória do CNPq.

Carlos Alberto Ávila Araújo
Pós-doutor pela Universidad de Salamanca e pela Universidade do Porto, doutor em ciência da informação, mestre em comunicação social e graduado em jornalismo pela Universidade Federal de Minas Gerais (UFMG). Professor associado da Escola de Ciência da Informação da Universidade Federal de Minas Gerais (ECI/UFMG).

Cintia Aparecida Chagas
Pós-doutora pela Universidad de Salamanca, doutora em Ciência da Informação pela Universidade Federal de Minas Gerais (UFMG), mestre em administração pública pela Fundação João Pinheiro (FJP), graduada em história pela UFMG. Professora adjunta da Escola de Ciência da Informação (ECI) da UFMG.

Clarissa Moreira dos Santos Schmidt
Doutora em ciência da informação pela Escola de Comunicações e Artes (ECA) da Universidade de São Paulo (USP), mestre em história social pela Pontifícia Universidade Católica de São Paulo (PUC-SP), graduada em arquivologia pela Universidade Federal do Estado do Rio de Janeiro (Unirio), graduada em ciências sociais pela PUC-SP. Professora do Departamento de Ciência da Informação e do Programa de Pós-Graduação em Ciência da Informação da Universidade Federal Fluminense (UFF).

Claudia Lacombe Rocha
Mestre em informática pela Universidade Federal do Rio de Janeiro (UFRJ) e graduada em história pela Pontifícia Universidade Católica do Rio de Janeiro (PUC-Rio). Supervisora da equipe de gestão de documentos na Coordenação-Geral de Gestão de Documentos do Arquivo Nacional.

Natália Bolfarini Tognoli
Doutora e mestre em ciência da informação pela Universidade Estadual Paulista Júlio de Mesquita Filho (Unesp), bacharel em arquivologia pela mesma universidade. Professora adjunta do Departamento de Ciência da Informação e do Programa de Pós-Graduação em Ciência da Informação na Universidade Federal Fluminense (UFF).

Natasha Hermida Pereira Castro da Silva
Mestre em gestão de documentos e arquivos pela Universidade Federal do Estado do Rio de Janeiro (Unirio). Pós-graduada em gestão de recursos humanos pela Universidade Candido Mendes (Ucam). Bacharel em arquivologia pela Unirio. Tem licenciatura plena em pedagogia pela Universidade do Estado do Rio de Janeiro (Uerj). É servidora no Arquivo Nacional, lotada na Coordenação-Geral de Gestão de Documentos, e atua como arquivista na equipe de documentos digitais.

Ozana Hannesch
Mestre em museologia e patrimônio pela Universidade Federal do Estado do Rio de Janeiro (Unirio). Especialista em conservação de bens culturais pela Universidade Federal do Rio de Janeiro (UFRJ). Graduada em arquivologia pela Universidade Federal Fluminense (UFF). Atua no Laboratório de Conservação e Restauração de Papel (Lapel), subordinado à Coordenação de Documentação e Arquivo do Museu de Astronomia e Ciências Afins (Mast). Professora colaboradora do Mestrado Profissional em Preservação de Acervos de Ciência e Tecnologia (PPACT) do Mast.

Paola Rodrigues Bittencourt
Doutoranda em ciência da informação na Universidade de Coimbra. Mestre em gestão de documentos e arquivos pela Universidade Federal do Estado do Rio de Janeiro (Unirio). Pós-graduada em docência do ensino superior pela Universidade Candido Mendes (Ucam). Bacharel em arquivologia pela Unirio. Investigadora do Centro de Estudos

Interdisciplinares do Século XX (Universidade de Coimbra). Servidora do Arquivo Nacional, atua como arquivista da Coordenação-Geral de Documentos.

Patricia Ladeira Penna Macêdo
Doutora em ciência da informação pela Universidade Federal Fluminense (UFF) e mestre em história social pelo Programa de Pós-Graduação em história da UFF. Arquivista e historiadora pela mesma universidade. Atua como docente adjunta do Departamento de Arquivologia e do Programa de Pós-Graduação em Gestão de Documentos e Arquivo da Universidade Federal do Estado do Rio de Janeiro (Unirio).

Renato de Mattos
Doutor e mestre em história pelo Programa de Pós-Graduação em História Social da Faculdade de Filosofia, Letras e Ciências Humanas (FFLCH) da Universidade de São Paulo (USP). Bacharel e licenciado em história pela mesma universidade. Professor adjunto do Departamento de Ciência da Informação do Instituto de Arte e Comunicação Social (Iacs) da Universidade Federal Fluminense (UFF). Professor do Programa de Pós-Graduação em Ciência da Informação da UFF.

Thayron Rodrigues Rangel
Doutorando do Programa de Ciência da Informação (PPGCI) da Universidade Federal Fluminense (UFF). Mestre em ciência da informação pelo Programa de Ciência da Informação do Instituto Brasileiro de Informação em Ciência e Tecnologia (Ibict) da Universidade Federal do Rio de Janeiro (UFRJ). Arquivista e bibliotecário pela Universidade Federal do Estado do Rio de Janeiro (Unirio). Servidor no Arquivo Nacional e atua na Coordenação-Geral de Gestão de Documentos do Arquivo Nacional (Coged/AN).

Thiago de Oliveira Vieira
Doutorando em ciência da informação na Universidade de Coimbra. Mestre em gestão de documentos e arquivos e bacharel em arquivologia na Universidade Federal do Estado do Rio de Janeiro (Unirio). Arquivista do Arquivo Nacional e Membro da Câmara Técnica de Documentos Audiovisuais, Iconográficos, Sonoros e Musicais (CTDAISM), do Conselho Nacional de Arquivos (Conarq).

Thiago Henrique Bragato Barros
Pós-doutor em ciência da informação pela Universidade de Brasília (UnB). Doutor e mestre em ciência da informação pela Universidade Estadual Paulista Júlio de Mesquita Filho (Unesp) e graduado em arquivologia pela mesma universidade. Professor adjunto no Departamento de Ciência da Informação da Universidade Federal do Rio Grande do Sul (UFRGS), professor permanente nos Programas de Pós-Graduação em Ciência da Informação da UFRGS e da Universidade Federal do Paraná (UFPA). Presidente da International Society for Knowledge Organization – Capítulo Brasileiro (ISKO) (2017-2019). Coordenador do GT2 da Ancib (2018-2020). Membro do Scientific Advisory Council da Isko Internacional.

Welder Antônio Silva
Doutor pelo Programa de Pós-Graduação em Ciência da Informação da Universidade Federal de Minas Gerais (UFMG). Mestre pelo Programa de Pós-Graduação em Ciência da Informação do Instituto Brasileiro de Informação em Ciência e Tecnologia (Ibict), em convênio com a Universidade Federal Fluminense (UFF). Especialista em gestão da informação e inteligência competitiva pela Universidade Estácio de Sá (Unesa) e arquivista pela Universidade Federal do Estado do Rio de Janeiro (Unirio). Atua como analista legislativo (arquivista) e gerente de gestão arquivística na Assembleia Legislativa do Estado de Minas Gerais (ALMG) e como professor adjunto do Curso de Arquivologia da UFMG.

Esta obra foi produzida nas
oficinas da Imos Gráfica e Editora na
cidade do Rio de Janeiro